日本料理凝聚了我的愛情、家庭和人生的重要回憶。
謹以此書獻給父親胡得鏘先生（一九四九年～二〇一四年）、
母親謝秀琴女士和愛妻蓁媖。

你不知道的日本料理故事

昔ながらの
和食の味

和食
古早味

胡川安 著

〔推薦小語〕津津有味之書

作家／茂呂美耶

這本書介紹的日本料理都是我熟悉的日常飲食，但我仍讀得津津有味，很想前往作者介紹的名店逛逛。

《風土餐桌小旅行》作者／洪震宇

風味中有歷史，歷史中有風味，一本用舌尖認識日本的時光之書。

作家／梅村月

寫的是我熟悉不過的日本料理，卻引出許多我未知的典故傳奇，點出了日本料理深而廣的精神領域！

飲食旅遊作家、《Yilan 美食生活玩家》網站創辦人／葉怡蘭

很好看的一本食物故事書。原本自認對書中所舉菜餚應已算熟悉，卻仍讀得津津有味，頗多新得新知，獲益匪淺。最吸引人處是以輕鬆態度談識說史，且還巧妙融入個人旅行與品嘗經驗，更加生動有趣，時有共鳴。

〔作者序〕

日本料理的五感體驗與知性品味

這不是一本日本美味餐廳的指南，無法看到給星星或是分數的評斷；這不是一本帶你到窮鄉僻壤吃奇怪食物的書；也不是一本私房的美食寶典或日本料理的百科全書。這是一本關於飲食文化、歷史的書，也是一本知性與品味的書，我希望帶著大家透過瞭解飲食傳統、透過旅行、透過感官體驗、透過閱讀，熟稔日本料理的源流與發展，感受風土的差異與料理的精髓。

台灣大街小巷都有日本料理店，但我們瞭解的日本料理都只是形式，而無實質。品味「品」的不只是「味」，而包含了身體、感官與飲食的交流。飲食不該只是吃進食物一瞬間的感動，飲食所在的空間、飲食過程中的服務、食畢的感動，都是飲食的一部分，而這些正是台灣缺乏的。

二〇一三年，台灣選出的年度代表字是「假」，而二〇一四年入選的字則包含「餿」，都與飲食有關，這是大家對一連串食安風暴的反應，從前年的醬油、芝麻油，直到去年的餿水油。大家天天吃進肚子裡的東西不是假的就是有毒，體內不知已經暗藏多少無名毒。

台灣一向以美食王國著稱，每個人似乎都對吃有一套看法，都有幾家私淑的餐廳。但是，這似乎僅止於找餐廳、找新奇，而缺少從產地到餐桌、從餐桌到文化、從文化到歷史的思考。西方俗諺有云：「食如其人。」不是說吃了什麼就會變成什麼，而是飲食反映了人的品味、生活、文化。台灣社會出現的食安風暴，其實是社會整體的身體感出了問題。身體出了問題，可以頭痛醫頭、腳痛醫腳，但如果不從整體文化的角度去思考解決的方法，就無法從根源處著手改變。所以近幾年的食安風暴，使我在異鄉開始有尋找飲食文化真諦的念頭。

日本料理在長期的發展過程中，和中國文化有千絲萬縷的關係，明治維新以來也和西方文明有著密切交流。經常有人認為：「日本人習慣模仿別人的東西，而沒有自己的創意。」真的是如此嗎？鐵板燒、豬排飯、拉麵都受外來文化影響，但更多是日本人將其轉變為本土飲食文化的努力，在本書中我稱之為「味覺的轉化」。

當代的日本料理大部分在東京所在的江戶發展起來，所謂的「江戶四大食」：握壽司、鰻魚飯、天婦羅和蕎麥麵，現在仍然主宰著東京人的日常飲食。德川家康定都江戶後形塑的飲食文化，雖然歷經明治維新、世界大戰，仍保存著「江戶味」，並推陳出新。如果想在繁華的東京體驗江戶味，不該依循米其林、網路評鑑，而需要先瞭解江戶的歷史與城市的文化。所以我尋訪日本人所謂的「人間國寶」、精熟某種技藝的職人，例如江戶料理的三大職人：鰻魚飯的金本兼次郎、握壽司的小野二郎、天婦羅的早乙女哲哉，都是年紀超過七十歲以上的料理師，都以繼承江戶飲食的味覺為己任。

我們往往輕忽了「吃」這件事，對於土地孕育出的食材缺少尊敬與感謝。日本人對於食物、自然的尊重，往往使他們帶著敬仰的心情享用食物。而從歷史的根源而言，日本天皇之所以神聖，在於祂將天照大神從高天原所傳來的稻種播植於人間，開啟了稻作文明。如果談日本料理，不和宗教、自然一起看，而只注重餐廳的外在虛飾、食物的酸甜苦辣，這是無法理解其精髓的。所以我秉持著對食物的尊重之情，尋求日本飲食傳統中味覺的原點，在寺廟的飲食裡尋找根源。

我也走訪信州、越後、伊豆、京都、廣島、小豆島、東京等地，尋求「風土」與食物的關係。土地是食物的根本，不同的土地、氣候、溼度當然會影響食材，如同料理大師北大路魯山人所說：「所謂美味的料理，烹調方式只是次要的，其實重點在於食材」、「日本料理食材的重要性就已經決定了九成，技術只占了一成。」所以，我到了京都就吃「京野菜」，在伊豆就吃秋天的特產金目鯛、在信州就吃手打蕎麥麵、在新潟就吃越後米、在東京就吃天然的鰻魚。日本人所謂的「季節限定」、「地區限定」，不只是廣告的技巧，而是發自內心對自然的尊重。如果在夏天吃秋天的食材，多少顯示了人為的干預，也喪失了季節感。

對日本人而言，觀光不只是觀一地之風光，還得食一地之味、飲一地之酒、以肌膚感受當地的泉水、瞭解當地的風俗特色，日本人常說的「五感」體會就是如此。最後，本書希望讀者除了從歷史、文化層面瞭解日本料理，也能因此感受到飲食的美感與快樂，進而反思台灣的飲食文化。

開飯囉！一起去日本！

胡川安　乙未秋・加拿大蒙特婁皇家山

日本國都道府縣
行政區劃圖
改正新印
北海道
青森
岩手
秋田
宮城
山形
福島
新潟
栃木
茨城
群馬
富山
石川
長野
埼玉
東京
千葉
福井
岐阜
山梨
神奈川
京都
兵庫
鳥取
滋賀
愛知
靜岡
島根
岡山
三重
大阪
奈良
山口
廣島
香川
德島
和歌山
愛媛
高知
福岡
佐賀
大分
長崎
熊本
宮崎
鹿兒島

		始	終
古代	飛鳥時代	六世紀末	七一〇
	奈良時代	七一〇	七九四
	平安時代	七九四	一一九二
中世	鎌倉時代	一一九二	一三三三
	建武中興	一三三四	一三三六
	室町時代	一三三六	一五七三
近世	安土桃山時代	一五七三	一六〇三
	江戸時代	一六〇三	一八六八
近代	明治時代	一八六八	一九一二
	大正時代	一九一二	一九二六
	昭和時代（二次戰前）	一九二六	一九四五
	昭和時代（二次戰後）	一九四五	一九八九
	平成時代	一九八九	迄今

第一章——從日本料理發現世界

日式豬排飯的誕生

日本人從認為吃肉會汙染身心到全面接受肉食，改變的關鍵在明治維新。

明治五年（一八七二年）二月十八日清早，十名身著白衣的「御嶽行者」打算侵入皇居，遭到警衛射殺，其中四名死亡、一名重傷、五名遭到逮捕。御嶽行者是日本傳統神道教的嚴格修行者，遭到逮捕之後，說明襲擊皇居的理由是因為反對明治天皇在同年一月二十四日頒布的肉食解禁令，《明治洋食事始》一書提到他們當時的主張：

當今夷人來日以後，日本人專心於肉食之故，地位相互汙染，神因此而無居所，希望追討夷人，而且希望封給神佛領地、諸侯領地一如往昔。

早在七世紀中期，天武天皇頒布〈禁止殺生肉食之詔〉之後，日本人排除家畜中的雞、鴨、牛和豬肉的攝取，肉質主要取自魚肉。由當時留下的紀錄來看，從貴族到平民階層，普遍都認為食用獸肉是不潔的飲食行為，不僅會讓身體有奇怪的味道，還會汙染身心，也因此無法侍奉神佛。

明治天皇提倡肉食的理由是認為可以強國保種，讓日本人的體格強壯起來，與西方人競爭，擠入先進國家之林。從這樣的角度而言，明治維新對於日本人來說不只是船堅炮利、不只是政治改革，還包含了味覺的革命、身體的適應和文化的改變。

洋食不等於西洋料理

「西洋料理」和「洋食」這兩個詞，日文的漢字和中文一模一樣，從字面的意義來看似乎也沒什麼不同，但是如果回到二十世紀初，就能理解這兩個字的不同之處。簡單地說，西洋料理指的是德國、法國、英國等歐洲國家的飲食。明治時期，官方迎接外賓的「迎賓館」以法國料理宴請外國賓客，至今沒有改變。因為西洋料理強調正統，最好能從料理的母國原封不動地將味道、服務和用餐方式都搬到日本來。所以「洋食」不能算是「西洋料理」的另一種說法，而是在「西洋料理」的影響下，在日本產生轉變後的西式料理。在當時，可樂餅、咖哩飯、日式豬排飯，被稱為「三大洋食」。民俗學大師柳田國男在《明治大正史．世相篇》指出：「洋食從吃法到作法，都是我們自己的東西。」

明治維新時的日本人全面吸收西方的文化，然而其味覺和飲食文化到底如何改變？具體的過程為何？令人好奇。食物是人群用來界定彼此的方法，不只是為了維生而已，也是一種文化的界線。要一個人從不吃獸肉轉變為食用，就像以政治的力量要求不吃狗和貓的人去吃這些動物，改變非常劇烈。想瞭解日本人在味覺和飲食文化的改變與創新，可以從日式豬排飯的故事說起。

知識分子宣導吃肉，退役軍人販賣

對於日本人來說，由於不吃獸肉的歷史已經維持了一千兩百年，所以即使明治天皇嘗試透過詔令宣揚吃牛肉、豬肉的好處，一開始也只有上層階級能接受。由於以往將獸肉與不潔、汙染等觀念結合在一起，所以政令一開始無法普及人心。其後，透過福澤諭吉[1]等知識分子宣傳，將吃獸肉與文明開化結合在一起，漸次傳播開來，例如《東京新繁昌記》就記載：「牛肉之於人，是開化的藥店，是文明的良藥，可養精神，可健腸胃，可助血行，可肥皮肉。」

明治時期，軍隊就開始食用獸肉，這些軍人退伍之後，有的人回到家鄉販賣獸肉，讓此風氣漸漸普及。但是，敢吃獸肉是一回事，調味和烹煮又是另外的問題，日本人不習慣西洋料理的食肉方式，也不習慣吃肉配麵包，更不習慣使用刀叉。如何在飲食習慣和調味上，將獸肉轉變成日本人的食物，還有一段路要走。

煉瓦亭，日式豬排的誕生地

「煉瓦亭」現在仍在銀座二丁目開業著，一八九五年，它嘗試以料理天婦羅的方式來炸豬排。天婦羅的炸法是深油炸（deep fat frying），而不是西洋料理常使用的淺油煎（shallow fat frying）。《明治洋食事始》書中提到日式豬排與西洋豬肉排的差別：

豬肉排是把薄肉片覆上麵衣，煎炒而成的；然後淋上大量的醬汁，用刀叉邊切邊吃。另一方面，「日式炸豬排」則是在較厚的豬肉上撒鹽、胡椒，調出底味，再裹上小麥粉、蛋汁、麵包粉，像天婦羅一般油炸而成。至於配菜則附上切碎的甘藍菜，為了方便用筷子吃，事先切好再裝盤……澆上日式炸豬排醬汁之後再吃，它們

煉瓦亭門口

和味噌湯、米飯非常對味。

從此，豬排飯成為日式的「洋食」，而脫離「西洋料理」了！日式豬排使用厚切豬排；不用刀叉吃，而使用筷子；將高麗菜和豬排都先切好，並且使用與味噌和米飯對味的醬汁。

開業一百多年的煉瓦亭，是想要懷念豬排飯誕生時期味道的人一定會拜訪的店家。大型連鎖店，像是「和幸」、「まい泉」和「新宿さぼてん」等，豬排的炸法和味道都不相同，但都相當美味，如今，豬排飯可以說是相當普及的平民美食。

夢幻般的豬隻品種

豬排金黃色的外衣、酥脆的口感，鎖住其中甜美的肉汁，配上白米飯和味噌，再加上清爽的高麗菜解膩，真是人間美味。第二次世界大戰後，日式豬排飯的料理手法更加精緻，也將提供霜降牛肉的牛隻養殖方法應用到飼養豬隻，在宰殺前持續地幫豬按摩一段時間，求其脂肪平均散布，使食用時的口感更佳。豬排飯現在更強調食材的來源、採用特定農場的豬隻，而且在炸法和油溫的設定上，店家也有自己的特色。

在豬隻品種的飼育上也有大進步，一九九七年由東京畜產實驗場花費七年時間所培養出來的「TOKYO X」，被稱為夢幻般的品種（幻の豚肉「東京X」），混和了西洋的盤克夏豬、杜洛克豬和北京黑豬，據說瘦肉部分也布滿霜降油花，入口即化。這樣神乎其技的養豬技巧，可能只有日本職人才能完成。

老字號豬排飯店家

在東京，我造訪過一些老字號的店家，有些僅此一家，別無分店，像是早年上野的御三家「双葉」或是「蓬萊屋」。而我最推薦的店家則是「平田牧場」，在東京有一些分店。東京有些豬排飯店家也用「平田牧場」所養殖的三元豬，像是以低溫豬油慢炸，並且撒上喜馬拉雅岩鹽的「燕樂」。

三元豬的產地位於東北的山形縣，是以肉質好的三種豬交配而成，稱為「平牧三元豬」，不僅提供自家豬排飯使用，還在超市中販賣，供給一般家庭。這些由產地直送的豬肉，肉質自然不在話下。除此之外，六本木的「豚組」則和全國各地的農場簽訂契約，使用的豬肉北從北海道、南至九州的鹿兒島黑豚，均由產地直送。店內採開放式廚房設計，點餐之後，廚師當場將豬排從大塊的里肌肉切下，裹上粉後放入油鍋；高麗菜也是與農家簽訂直送的新鮮蔬菜，使得吃豬排飯成為親近土地、瞭解農產特色的飲食體驗。

從明治維新到現在的一百多年，透過日本人本身的味覺習慣，將豬肉轉化為可以接受的「和製洋食」，並且發展出獨特的飲食文化和在地特色，這樣的飲食文化轉變已經不是單純的模仿。下一段介紹的和牛與鐵板燒也是味覺轉化與飲食文化交流的故事。

品味店家

・豚組食堂

地址：東京都港區六本木 6-2-31

電話：033-408-6751

網址：http://www.butagumi.com/shokudo

・金華豚料理 平田牧場 極

地址：東京都千代田區丸之內 2-7-2 JP タワー 6F

電話：036-256-0829

網址：http://www.hiraboku.com

・燕樂

地址：東京都港區新橋 6-22-7

電話：033-431-2122

休日：星期日、國定假日

・蓬萊屋

地址：東京都台東區上野 3-28-5

電話：033-831-5783

網址：http://www.ueno-horaiya.com

休日：星期三

・キムカツ　惠比壽本店

地址：東京都澀谷區惠比壽 4-9-5

電話：035-420-2929

網址：http://www.kimukatsu.com

・煉瓦亭

地址：東京都中央區日本橋銀座 3-5-16

電話：033-561-3882

休日：星期日

・どんかつ 成藏

地址：東京都新宿區高田馬場 1-32-1

電話：036-380-3823

休日：星期二

1 福澤諭吉，生於一八三五年，卒於一九〇一年，日本明治時期的著名思想家、教育家、私立慶應義塾大學創立者，明治時期六大教育家之一，其「脫亞入歐論」，影響明治維新運動甚鉅。

和牛與鐵板燒

日本人在鐵板燒中看到西方的味道，而西方人則在其中看到日本的影子。鐵板燒融合了東西方的飲食文化，兩者形成你中有我、我中有你。

日本人在明治維新以前，有超過一千兩百年的時間不食用家禽和家畜，中華料理中常見的豬、牛、羊都是日本人拒吃的肉類。他們主要食用魚類和野生肉類，由於飲食較清淡，加上害怕肉類的腥味，即使食用野生的鴨或是鳥類，都會先用醬油醃過，以去除腥味。

當外國人進入日本後，駐日使節以及家眷因不易取得牛肉，屢屢向幕府反映。幕府回應：「吾國人民飼養牛乃感恩其任重負遠，幫助人類，所以不食其肉。」外國人最後只好從美國或是中國進口牛隻，但手續十分麻煩，而且每次只能引進幾頭。他們想想，為了吃塊牛肉還得大老遠從國外運來，不如就地養殖，所以想到在神戶引進日本近江地區（大約是現在的滋賀縣）飼養的牛，從此出現了「神戶牛」。

近江的牛一開始是百濟和新羅（古代朝鮮半島南部國家）歸化日本的移民所養，而非日本人。移民們在近江和大津附近養牛，獻給將軍和諸侯。在明治時代以前，雖有食肉的禁令，但是移民們還是有吃牛的習慣；而對於當時的日本人而言，在身體虛弱、需要進補時也會吃肉，算醫療行為的一種。所以有些貴族會假借醫療行為偷吃肉，而平民則躲到山上的「山奧屋」（賣肉的店）吃。

神戶牛的嚴格定義

伴隨著明治維新，日本開始飼養牛隻，將日本牛與歐美牛配種，所謂的和牛（wagyu）可以分為黑毛和種（Japanese Black）、褐毛和種（Japanese Brown）、日本單角種（Japanese Shorthorn）和無角和種（Japanese Polled）等。而因為以前的日本人覺得養牛會汙染土地，所以經常將飼養場設在無人島上，例如九州外海的壹崎島群有些無人居住，上面有一萬頭以上的牛，大多採用放牧的方式，讓牛隻吹著海風，在沒有汙染的環境中長大。

八〇年代以後，和牛在國際的牛隻市場逐漸闖出名號，許多國家也開始飼養。日本人認為，和牛不僅是品種，還必須喝日本水、吃日本草長大才算合格。相較於美國的牛隻都吃玉米，飼養和牛更重視飼料與飲水，聽說有的牛還喝啤酒、聽音樂。

和牛與美國牛一樣，按照脂肪的分布分為Ａ1到Ａ5，但是牛隻脂肪的分布並不是絕對的，日本人更在意由土壤、氣候、水質造成的「風味」差異。現今以神戶牛和松阪牛在世界市場上較為有名，但日本每個地方的牛都各有特色，岩手牛、信州牛、北海道牛等不同地區生產的牛都有不同風味，即使是相同品種，在不同的風土環境中飼養，也會有所差異。

神戶牛原本指的是從神戶出口的國產牛，但現在必須是「但馬牛種」的日本國產黑毛和牛。「神戶肉類流通促進會」對神戶牛下了定義：在神戶所在的兵庫縣生長且養大的牛隻，還必須是未生產過的母牛或是未閹割過的公牛。另外，在紅肉比例、霜降程度和牛腿肉的重量也都有特別規定。

真正的神戶牛肉帶著綿密的大理石紋，油花分布相當均衡，故肉質鮮嫩，並具備獨特的香氣和口感，育成過程並不容易，有別於美國、加拿大等大量飼養的牛隻。也因為其特別的飼育過程、對於口感以及肉質的要求，讓本來不吃牛肉的日本人也逐漸接受，如今更在全球牛肉市場上占有一席之地，和牛、神戶牛都成為高級牛肉的代名詞。

和牛其實太老了？

相較於美國牛短暫的飼養期（五個月），和牛的飼養期高達三十個月，松阪特牛則要三十五個月。如果按照美國農業部的標準，和牛顯然「太老」了。為什麼日本人如此飼養牛隻呢？主要在於他們不過度依賴單一肉類，平均每年每人食用的牛肉是二十磅，只有美國人的三分之一。

日本人烹煮牛肉的方式，不會產生什麼血水，他們不喜歡半熟或是太過血腥的吃法，通常把牛肉切得小小的，在烤盤上烤熟後，再沾上醬油以筷子配著飯吃，和西方人純粹食肉的飲食方式不同。除此之外，日本人還改造了牛肉的食用方式，創造出鐵板燒，與豬排飯一樣，是在日本飲食文化的需求上出現的跨文化交流。

鋤燒的誕生與牛肉的食用

在鐵板上煎牛排源自日式料理的鋤燒（或稱壽喜燒）。江戶時代後期的《料理指南》一書中指出：「將雁、鴨、野鴨、鹿之類，先浸泡於大豆醬油內，把不再使用的舊鋤放在火上，前後放上柚子皮，然後在鋤上炒前述的肉類，當肉色改變的時候便可以吃了。」

鋤燒的日文「すき焼き」，原意就是將喜歡的東西放到鐵板上混在一起炒，日本關西地區所發展出來的大阪燒或是廣島燒都是類似的作法，後來將鋤燒的牛肉或豬肉片沾上日式醬油，並搭配米飯食用。

神戶、橫濱地區因為外國人聚集的緣故，逐漸開始販賣牛肉，明治政府和知識分子也宣導食肉的好處。但一般民眾開始接受食用牛肉，與推行全民皆兵制較有關係，因為軍隊將牛肉視為增加營養的伙食，並且宣傳牛肉是有療效的食物。

鐵板燒的成立

一八九六年，神戶元町的牛肉鋤燒店「月下亭」開幕，餐廳使用扁平的鍋子，除了油脂外，在鐵板上不添加任何調味，將牛肉炙燒後，顏色呈現變化即可食用，這應該是最早類似鐵板燒形式的作法，只是當時的肉片切得相當薄，還混和了高麗菜絲與其他食材。

一九四五年，日本在第二次世界大戰戰敗，很多美國兵被派駐到日本。在神戶經營鋤燒店「みその」的藤岡重次，店裡本來只在鐵盤上煎麥餅、高麗菜絲、薄切肉片，但突發奇想加入美國人喜愛的厚切牛排，果然受到駐日美軍的青睞。後來，在日本高度經濟成長之後，這間店如雨後春筍般在不同地方設店。

鐵板燒的食用方式

西方人認為鐵板燒是日本人的東西，而日本人則將它視為西洋燒烤料理，究竟它從何而來呢？先從鐵板燒的飲食經驗描述開始看起：

鐵板燒

一開始有點可怕。

你坐在一個很大的餐桌邊（餐桌同時也可以變成一個烤盤），剎那間，他就忽然出現了。這個人穿得像主廚，但他所帶來的氣氛使他無可置疑的是個作戰的武士。他鞠躬。而你身在安全的那一邊，也向他鞠躬回禮。

他露出莫測高深的微笑，掏出了一把刀。你緊緊地抓住你的筷子。他在剛推進來的小推車旁就位。推車上放滿的是成排相當美麗而新鮮的全蝦。突然間，此人化身成為一個風馳電掣的僧侶。嘶、嘶、嘶……他的刀子飛過那些成排的蝦子，宛如閃光的照明。蝦子（如今已被切成入口的大小）宛如在烤盤的中心跳舞。

最後，揭曉真相的那一刻終於降臨，他把還在吱吱作響的蝦子輕拋在你的盤中。你嘗了嘗蝦子，心中有股小小的狂喜。當然，這只是第一幕而已。這場秀就以這樣的方式繼續。……牛排、雞肉、讓人垂涎的各種蔬菜。

你從來不曾有這樣的饗宴，你從未欣賞過如此的芭蕾演出。最後，表演結束了。他鞠躬，你嘆了口氣。他向你表示感謝，你也謝謝他。他移步走遠。假如你不是已經吃得太飽，那麼你會起身，站著向他熱烈鼓掌。

上面這段文字引自《哈佛商學院的案例研究》，引文來自陳玉箴翻譯 Katarzyna J. Cwiertka 的《飲食、權力與國族認同：當代日本料理的形成》一書。哈佛的案例研究介紹了在美國大為流行的紅花鐵板燒（Benihana of Tokyo），以及這家店如何成功行銷、經營的故事。

紅花鐵板燒的傳奇故事

美國的紅花鐵板燒源自紐約，不僅經營成功，還成為上市公司，是少數能成為股票投資人青睞的連鎖餐廳，電影《華爾街之狼》就出現紅花鐵板燒的股票。老闆青木廣彰，英文名 Rocky Aoki（大家都叫他青木洛磯），畢業於日本慶應大學，在校時為摔角校隊一員，第一次到紐約比賽和出遊就愛上了這個地方，決定留下來學餐飲管理，開始單純只是想謀生。後來為了籌募開店資金，深入瞭解了新的市場與文化。他到處打工，也在哈林區賣冰淇淋，發現單純賣冰淇淋沒有什麼生意會上門，但如果在店門口加把日本油傘，播放日本音樂，生意就會出乎意料地好。

他發現美國人並不想改變自己的飲食習慣，卻喜歡在異文化的環境中用餐，而且熱愛看到食物的準備過程，這使他想起父親在東京的鐵板燒店，不就和美國人所喜歡的用餐習慣與方式吻合嗎？果不其然，紅花鐵板燒在美國大為成功，展店將近六十間，甚至比日本的鐵板燒連鎖店還成功，使哈佛商業學校也對這間店的經營模式和成功經驗相當感興趣。

鐵板燒主要吃的是牛排，還包括明蝦、雞排或是豬排，這樣的飲食方式究竟來自日本或是美國呢？兩者都不是，也兩者都是，鐵板燒是美國和日本飲食文化交流的結果，是揉合兩者傳統的飲食方式。從前文敘述，我們可以觀察到鐵板燒的飲食方式包含幾個元素：

- 鐵板上的煎煮
- 像武士般的現場表演

· 食肉

· 用筷子一口吃的大小

日本的鐵板燒店更融入配白米飯與味噌湯的飲食習慣，構成既不西式、也不日式的飲食文化。在日本，鐵板燒一開始維持高檔餐廳的形象，大飯店的鐵板燒部門都將之列為西方料理。但是，當時的西方媒體，或是外國人閱讀的日本旅遊指南，都將鐵板燒視為日本特殊的創意料理：在鐵板上煎烤牛排，並且用筷子夾來吃，還可以配白米飯。

日本人在鐵板燒中看到了西方，而西方人則在其中看到日本。

品味店家

・銀座 うかい亭

地址：東京都中央区銀座5-15-8 時事通信ビル 1F

電話：03-3544-5252

網址：http://www.ukai.co.jp/ginza

休日：無休

・鉄板焼 grow

地址：東京都文京区小石川2-24-2 高橋ビル 101

電話：03-6801-6467

網址：http://teppanyaki-grow.com

休日：星期一

・瀬里奈 モンシェルトントン 新宿店

地址：東京都新宿区西新宿 2-6 新宿住友ビル 52 F
電話：03-3344-6761
網址：http://www.seryna.co.jp/monchertonton/shinjuku
休日：年終年初、二月第一個星期日及八月第四個星期日

・元祖 鉄板焼ステーキ みその 神戸本店

地址：神戸市中央区下山手通 1-1-2　みそのビル 7・8 F
電話：078-331-2890
網址：http://www.misono.org
休日：年終年初

拉麵的文化史

第二次世界大戰後，日本饑荒的狀況比戰爭時更嚴重，很多人家裡沒有廚房，甚至連家也沒有，需要快速止饑的食物，所以拉麵登場了，一開始主要以屋台（路邊攤）的形式販賣，後來逐漸成為店家。

拉麵無疑是日本當代飲食中重要的一環，是世界各國認識日本食物的重要代表之一。它從中國傳來，歷史被遠推到江戶時代。水戶藩的第二代藩主曾經擔任黃門侍郎，人稱「水戶黃門」，據說就是拉麵的始祖。他師從由中國而來的儒學大師朱舜水。朱舜水除了傳承儒學以外，也將小麥粉和蓮藕粉製作湯麵麵條的方法傳授給他。

麵條的歷史往往和饑餓有關，例如蕎麥麵在江戶時代的普及原因，就是因為大量鄉村居民進入城市，需要便宜且能夠迅速餵飽肚子的食物。拉麵之始，源於日本帝國的擴張。日本在台灣、韓國和滿洲、山東都開始了殖民事業，同時也開放殖民地的勞工進入日本工作。在沿海城市，例如橫濱、神戶、福岡等，聚集了大批中國人，移民社群帶進新的飲食習慣。除此之外，日本人也大批前往中國，因此學習到新的烹調方式。帶有肉湯的麵條在橫濱、淺草，甚至札幌，相繼流行，還放了日本人不常吃的叉燒、筍乾和切一半的水煮蛋。由於日本人當時只吃蕎麥麵，為了使日本人瞭解從中國來的新食物，就把這種食物稱為「中國蕎麥麵」、「南京蕎麥麵」（一開始在橫濱的南京街開賣）。

拉麵之名從何而來？

拉麵的名稱究竟怎麼來的？有的人說是因為麵店的老闆姓柳，或是麵店外面有一片綠地，日文的漢字訓讀，「柳」、「綠」與拉麵的「拉」音相近，各式各樣的說法不一，根本無從考究。按照「拉麵博物館」的資料，拉麵在日本社會的黎明期主要從以下幾個地方開始：

- 一八七〇年 橫濱南京街的「會芳樓」開館。
- 一八八四年 函館「養和軒」開始販賣「南京蕎麥麵」（也是拉麵第一次在新聞當中刊載廣告）。

・一八九九年 橫濱南京街的拉麵店相繼開幕。
・一九〇六年 東京市內的「支那蕎麥麵」開幕。
・一九一〇年 淺草「來來軒」開幕，第一間以攤販的形式販賣。

主要提供中下階層人民食用

日本社會普遍接受拉麵，在第一次世界大戰前後，這時逐漸工業化，大量農民進入都市，成為工廠的勞工，他們多數是單身漢，需要迅速、便宜的食物。本來是通商口岸中國人吃的廉價麵食，此時逐漸在勞工階級中流傳開來。在三〇年代，東京就有超過一百五十間拉麵店，之後在全國陸續增加。

我很喜歡看日本導演伊丹十三的電影，其中充滿對於日本社會的諷刺，並以詼諧的劇情展現豐富的社會議題。他的電影《蒲公英》敘述辛苦經營拉麵店的女老闆——單親媽媽蒲公英——在高速公路旁開著一間小麵館，由於不懂如何煮拉麵，引起顧客們的批評。一個暴風雨的夜晚，對拉麵有研究的卡車司機五郎來到店裡，看著這個辛苦的弱女子，他想要幫助她瞭解拉麵的精髓，讓她瞭解什麼才是拉麵該有的味道。

「讓麵條鮮活起來的就是湯頭。」五郎這麼說，他教會蒲公英怎麼做出一碗好的拉麵。首先是整體的感覺，包含氣味、湯頭顏色、蔥花、海苔，還要顧及叉燒。吃的時候先拿起筷子輕輕地在湯面上掃動一下，再稍微觸碰叉燒，將肉片浸泡至湯頭之中。吃一口麵、配一點筍乾、並且喝三口湯……如此循環著。

伊丹十三的電影以幽默逗趣的手法展現出日本人對於拉麵的狂熱，也呈現出不少社會訊息：說明拉麵主要是工人、中下階層人民的食物；還有經營拉麵店的成本較低，即使沒有專長的單親媽媽也願意嘗試經營。

拉麵博物館

前文提到的拉麵博物館位於新橫濱，完整名稱為「新橫濱拉麵博物館」，聚集了十幾家日本各地不同的拉麵店，從一九九四年開幕至今營業超過二十年。每天平均賣出大約三千碗拉麵，週末則將近七千碗。博物館按照五〇年代的東京街道設計而成，其空間特色是「懷舊」——狹窄的小巷、閃爍的霓虹燈、賣糖果的小鋪，街邊還放了第一

新横濱拉麵博物館

代的黑白電視，天空以落日時的雲彩呈現出昏黃的感覺。但為什麼博物館的設計以五〇年代的東京為背景呢？

日本在第一次與第二次世界大戰之間大規模發動戰爭，很多農民棄農從軍，導致本土糧食多從台灣與朝鮮等殖民地而來，原來自給自足的糧食供給變成仰賴進口。第二次世界大戰結束後，百廢待舉的日本，糧食供給不足，加上有很多從外地回來的軍人，饑荒的狀況比戰爭時更嚴重。很多人家裡沒有廚房，有些人甚至連家也沒有，所以拉麵就在戰後的日本登場了，一開始主要以屋台的形式販賣，後來逐漸成為店家。

泡麵，更快吃飽的選擇

既然說到拉麵及時解決饑餓的特點，就要提到由一般麵條所發明出來的泡麵。台灣人安藤百福所創造出的雞肉泡麵是對拉麵飲食的革命性突破。他本名吳百福，是台灣嘉義人，在戰後選擇繼續當皇民，留在日本發展。他在自家後院思考如何讓拉麵容易保存，又可以即時食用，後來透過油炸方式，排除麵條中的水分，使其不易腐爛。食用時只要加入熱水，水分就會透過麵條中的小洞，使乾燥過的麵條再度軟化。

安藤百福加快了用餐的速度，為自己創造了財富，也改變人類飲食的方式。根據二〇一〇年的統計，全世界每年賣出十億包泡麵，那是比麥當勞還要快的速食，而且賣得更好。

充滿地方特色的拉麵

日本拉麵有自己的特色，其他地方無法複製，要如何使拉麵符合日本人的口味？日本人想到醬油和味噌，也顧及每個地方的味覺差異，對拉麵進行改造，誕生各式各樣的拉麵。

醬油拉麵

一九一〇年，在東京淺草開幕的「來來軒」以日本人喜歡的柴魚、雞骨高湯，搭配醬油形成的湯底製作醬油拉麵。醬油拉麵目前主要流行於日本的東北地區，特別是喜多方附近。喜多方拉麵最早在大正時代晚期，以路邊攤的形式開始販賣。「源來軒」是公認最早販賣的店家。從那時候起，當地的居民漸漸養成吃拉麵的習慣，很多人早上就開始吃拉麵，甚至在農忙時期將拉麵外送到田裡吃。

豚骨拉麵

日本九州南部地區有較多願意吃豬肉的人口，所以從那裡發展起來的主要是豚骨（豬骨）拉麵，由於有些日本人不喜歡豬的味道，所以豚骨拉麵的味道相對而言較為厚重，以濃厚的白濁湯頭為特色。

味噌拉麵

在天氣寒冷的北海道，來碗熱騰騰的拉麵是種至福的享受，那裡的拉麵則有著濃濃的味噌味，特別之處還有奶油與蒜頭的香氣。以往從本州隻身前往北海道工作的日本人，將「豚汁」（味噌豬肉燉蔬菜）加入麵條中，也是一大特色。

札幌味噌拉麵源起於路邊攤「味之三平」，在五〇年代開始有了店鋪。第一代老闆自製研發出新口味的味噌拉麵，其流行也與泡麵的發展有關。六〇年代，三洋食品推出泡麵「札幌一番味噌拉麵」使味噌口味成為拉麵的重要口味之一。

八〇年代以後的混和拉麵

以上的地方拉麵分類非常粗略，有時會產生各種不同口味的混和，特別是八〇年代以後，日本的地方意識興起，地方飲食的概念抬頭，強調地方特色的拉麵隨之勃興。舉例來說，北海道以札幌味噌、旭川醬油和函館鹽味拉麵為主；東北地區則是喜多方、米澤和白河拉麵；關東地區是橫濱、東京與佐野拉麵；關西地區則有京都、尾道、德島和廣島；九州地區是博多、久留米、熊本和鹿兒島等不同口味。

因為強調地方食物，每種配料、湯頭或是麵條都會根據地方特色而產生變異。例如佐野拉麵的麵條以青竹手打，所以口感相當不錯；和歌山就是以往的紀州，盛產醬油，除了有當地醬油調味的拉麵之外，在配菜上還有名產早壽司（以鯖魚製成的壽司）；廣島的口味則強調以瀨戶內海的魚類所熬製成的高湯。

除了地方性食材造成的差異之外，每家店主人的喜好不同，自家製麵與機器製造的也有相當大的差別。常常看到新聞、雜誌和網路鼓勵這些差異性，美食節目也使民眾對於各式拉麵有了比較的機會，所以拉麵漸漸成為具備風格與個性的食物。

走向世界的拉麵

日本全國的拉麵店總數，從「電信電話株式會社」編纂的電話簿中略微估計，有將近四萬家，其中比例最高的是山形縣，其次是栃木縣、新潟縣、秋田縣和鹿兒島縣。

二十一世紀開始，拉麵不只在日本國內風行，成為重要象徵之一，也進入全球市場。以往日本料理在歐美國家較偏向高價位或是精緻料理，例如握壽司、天婦羅或是鐵板燒，口袋中沒有一點錢是無法品嘗這些料理的。但近年來，日本的平價食物也開始打進歐美市場，例如豬排飯、餃子和居酒屋料理，而其中最受歡迎的則是拉麵。

相較於以往的精緻與高價路線，拉麵在歐美市場被視為異國的平價料理，年輕人普遍可以接受，而且被視為很「潮」（trendy）的食物。洛杉磯的 Daikokuya 或是紐約東村的 Momofuku Noodle Bar 都是拉麵名店，現在在北美，幾乎每個較大的城市都有拉麵店。

日本經濟在八〇年代發展快速，那時候美國人對於日本人的印象比較負面，覺得他們只會賺錢，不會生活。但是九〇年代以後，大量的日本卡通、漫畫、電動遊戲傳入，連 cosplay 也席捲年輕人的潮流，美國人對日本的喜好與日俱增。紐約大學教授 George Solt 研究發現，相較於崛起中的中國，日本對於二十一世紀的美國人比較不具威脅性，所以他們願意親近其文化。

不只北美，歐洲市場也非常歡迎日本拉麵店，法國、德國、英國、西班牙到義大利的拉麵店家持續地增加。不同國家的飲食文化也會加入拉麵的再創造，加州風的拉麵、法式的拉麵、巴西的拉麵都有可能成為拉麵世界史的下一章。

品味店家

・**新橫濱拉麵博物館**

地址：神奈川縣橫濱市港北區新橫浜 2-1421

電話：045-471-0503

網址：http://www.raumen.co.jp

・**札幌拉麵共和國**

地址：札幌市中央區北5條西2丁目エスタ10階

電話：011-209-5031

網址：http://www.sapporo-esta.jp/ramen

・**京都車站拉麵小路**

地址：JR京都車站10F

電話：075-353-5334

網址：http://www.kyoto-ramen-koji.com/shop01.html

・**品達麵達七人眾**

地址：東京都港區高輪3-26-20

官網：http://www.shinatatsu.com/raumen

休日：無休

・麵創屋 無敵家

地址：東京都豐島區南池袋 1-17-1 崎本ビル

電話：03-3982-7656

網站：http://www.mutekiya.com

休日：無休

・一燈

地址：東京都葛飾區東新小岩 1-4-17

電話：03-3697-9787

網站：http://www.menya-itto.com

休日：星期一

鳥井信治郎與竹鶴政孝的日本威士忌

威士忌從蘇格蘭傳到日本之後，經由日本人模仿、學習，加以轉化，再傳播回到歐美。

一位蘇格蘭的年輕女孩莉塔（Rita），在國際婚禮不普遍的時代中，決定嫁給遠赴蘇格蘭學習製作威士忌的竹鶴政孝，她只知道日本是很遙遠、很遙遠的國家，搭船和火車要花五十天的時間才可以到達。她有的只是愛與浪漫所給她的勇氣，而這個男人除了愛她，也愛威士忌，想在日本釀造出屬於日本的威士忌。

竹鶴政孝（一八九四年～一九七九年）與竹鶴莉塔（一八九六年～一九六一年）共同寫下了日本威士忌的傳奇。竹鶴政孝在北海道的余市創立了大日本果汁，也就是後來知名的Nikka（雖然是果汁公司，出名的是威士忌），釀造出聞名全世界的威士忌，這也是二〇一五年春天上映的NHK晨間劇《阿政》（マッサン）的劇情，以浪漫的異國戀情講述日本威士忌誕生的故事。

日本威士忌誕生的時代

一八五三年是決定日本史的重要年代，美國海軍東印度艦隊軍艦抵達日本，要求日本開國，其後促成明治維新。在這個時代中，連身體、心態和感官都會隨著時代的腳步變化。

威士忌從蘇格蘭傳到日本之後，經由日本人模仿、學習，加以轉化，再傳播回到歐美。世界威士忌行家們參閱的年度評鑑《World Whiskies Awards》記載，二〇〇七年，由Nikka的「竹鶴21年」和三得利的「響30年」奪冠；二〇〇八年，由Nikka的「余市20年」和三得利的「響30年」分別奪下「單一純麥威士忌」和「調和威士忌」之首。

威士忌的製造並非一蹴可幾，其中牽涉的資金、技術和文化都要靠經年累月的努力，除此之外，最重要的就是主事者無止盡的熱情，以及在關鍵時刻下的正確決定。Nikka和三得利兩家日本威士忌公司能在世界威士忌市場稱雄，就經過將近百年的努力。

威士忌誕生的城市：大阪

威士忌事業要能夠成功必須有市場與顧客，日本威士忌最早是仰賴大阪近代滋養的洋風文化客群。雖然明治維新時遷都東京做為政治中心，但是從那時到大正時代，大阪的經濟與工業生產，對全國的影響力更甚東京。

大阪是十九世紀末到二十世紀初期日本最大的城市，其出入口——神戶是當時日本的最大港口。相較於政治的首都東京，大阪是當時的商業首都，充滿豪商與巨賈。隨著商業與經濟的現代化，外國文化從神戶傳入，大量的舶來品引起大阪有錢人或是一般中產階級的興趣，飲用葡萄酒和威士忌漸漸在市民文化中傳播開來。

鳥井信治郎與竹鶴政孝

三得利的創辦人鳥井信治郎從小在大阪的商業環境之中長大，十多歲時就在洋酒和藥材批發商手下當學徒。在大時代的變局裡，他感覺到日本人對於洋酒的喜好，但也發

釀造威士忌用的杉木桶

現大家不是完全地接受所有洋酒，例如大部分人都喜好較具甜味的紅酒，但酸味過強的葡萄酒就不受歡迎，對於煙燻味太強的威士忌也敬謝不敏，這或許是因為日本料理口味較為清淡，所以日本人不喜歡太強烈的酒類。

二十歲的鳥井信治郎在一八九九年成立屬於自己的「鳥井商店」（後來改名壽屋，也就是三得利前身），進口洋酒、罐頭等舶來品。有著過人膽識的鳥井，除了進口洋酒，也開始釀造屬於日本的葡萄酒，成功打造出「赤玉」。赤玉葡萄酒使用購買自國外的原料，將不同的葡萄加以調和釀造，創造出大眾喜愛的口感和風味，在日本大為暢銷。鳥井信治郎在紅酒事業裡學習到造酒與調和的相關技術，所以對生產日本的威士忌開始有了信心和想法。

當時位於大阪的「攝津酒造」也有自己釀造威士忌的想法，還特別派遣年輕的竹鶴政孝前往蘇格蘭學習，將威士忌的製造過程詳細地記錄在筆記上（就是有名的「竹鶴筆記」）；但攝津酒造後來因為大環境蕭條、經營不善，無法投入威士忌的釀造。鳥井信治郎把握這個機會，以四千元的年薪聘請竹鶴政孝為山崎蒸餾所所長。根據威士忌史家三鍋昌春換算，當時的四千元相當於現在的兩千萬日幣，可見鳥井對於竹鶴的重視。

山崎蒸餾所位於京都附近的山崎，長期以優良水質聞名於日本，茶道家千利休[2]還曾經在此建立茶室。蒸餾所由大林組設計及施工，在一九二四年完工，除了麥芽粉碎機從倫敦進口，其餘器材都在日本建造。一九二九年，山崎蒸餾所釀造出第一瓶非西方世界生產的威士忌，稱為「白札」，之後推出「紅札」。但兩者在市場上的反應都不佳，因為竹鶴政孝堅持釀造正統的蘇格蘭味道，具有濃濃煙燻味。

堅持蘇格蘭原味？還是迎合日本人口味？

鳥井信治郎重新思考：日本人是否可以直接接受外來文化？他從過去販賣葡萄酒的經驗中尋找答案，發現烘乾大麥所用的泥煤充滿著日本人不喜歡的濃烈煙燻味，且太過嗆辣，所以應該尋找「符合日本人口味」的威士忌釀造法。

由於竹鶴政孝對於威士忌的理想不在於「符合日本人口味」，而想創造出原汁原味的「蘇格蘭口味」，因此與鳥井信治郎分道揚鑣。他離開山崎蒸餾所，在與蘇格蘭相同氣候條件的北海道余市成立威士忌蒸餾所。

鳥井信治郎因為對製造威士忌投入大量資金，回收又達不到預期，決定壓低主力商品「赤玉」葡萄酒的製造成本。因此，他去請教東京大學的坂口謹一郎教授，謹一郎認為如果原料仰賴國外輸入，等於受他國控制，於是將致力於培養日本釀造用葡萄的川上善兵衛介紹給鳥井。

鳥井得到川上的幫忙，並買下山梨縣大量土地種植葡萄，以確保主力商品赤玉葡萄酒的原料來源，並省下足夠資金投入釀造威士忌。在資金充足的情況下，鳥井找出適合日本人味覺習慣並且能與料理搭配的酒。

從三得利的網頁上可以看出其威士忌具有日本料理的清淡感覺，內涵卻相當豐富：

日本料理口味在清淡鮮美中，往往帶有濃郁繁複的風味，對於多年來早已習於品嘗日本料理的日本人而言，大多鍾情於隱約細緻的含蓄韻味，更勝於驚豔味蕾的強烈口感。山崎於是以抑制煙燻氣味的醇厚、圓潤芳香為目標，不斷挑戰。

在鳥井的調整之下，以山崎蒸餾所熟成的原酒調和出威士忌，在一九三七年推出「角瓶」，大受歡迎。他的成功在於結合過去釀造葡萄酒的經驗，使日本威士忌產生獨特的風味。之後也發展出單一純麥威士忌，並且在三得利成立五十週年時，於日本的阿爾卑斯山腳下成立白州蒸餾所。而在竹鶴政孝的堅持下，北海道的Nikka則創造出具有濃厚蘇格蘭風味的「余市」、「Black Nikka」、「鶴」等。堅持蘇格蘭原味的竹鶴政孝，將「余市」打造成具有蘇格蘭高地（Highland）風味的威士忌重鎮；一九六九年，在仙台附近的宮城峽尋找到風土與蘇格蘭低地（Lowland）相似的氣候環境，釀造出具有低地風味的威士忌。

鳥井信治郎與竹鶴政孝，一南一北，一個致力於迎合日本人的口味，一個堅持蘇格蘭本地的風味，使日本成為全世界威士忌的五大產區，也將日本的威士忌推上世界舞台。

酒廠資訊

・山崎蒸餾所

地址：大阪府島本町山崎 5-2-1

電話：075-962-1423

網址：http://www.suntory.co.jp/factory/yamazaki

・白州蒸餾所

地址：山梨県北杜市白州町鳥原 2913-1

電話：055-135-2211

網址：http://www.suntory.co.jp/factory/hakushu

・余市蒸餾所

地址：北海道余市郡余市町黒川町 7-6

電話：013--523-3131

網址：http://www.nikka.com/distilleries/yoichi

・宮城峽蒸餾所

地址：宮城県仙台市青葉区ニッカ１番地

電話：022-395-2865

網址：http://www.nikka.com/distilleries/miyagikyo

2 千利休，本名田中與四郎，生於一五二二年，卒於一五九一年，是日本戰國安土桃山時代著名的茶道宗師，日本人稱為茶聖。

日本的咖啡文化與職人之技

歐美的精品咖啡主要流行單一品種，而日本則流行咖啡職人們的混和咖啡。每一家咖啡館主人選擇最符合自身風格的混和方式，僅此一家、別無分號，也無法複製。

在東京時，我喜歡在不同角落駐足，也喜歡在街角的咖啡館坐上一陣子，例如前往南青山的根津美術館時，會在地鐵站出來的「大坊咖啡館」（近期休業）坐坐；在銀座逛街時，則會去八丁目的 Café de L'ambre。東京的生活腳步極為快速，坐在咖啡館小歇一會兒，可以加入一點緩慢的情調。

京都的咖啡館也相當迷人，從銀閣寺出來後，跨過幾個街角，往山裡走二十分鐘，就會看到一間藏身於山中、咖啡狂人口耳相傳的密店「茂庵」。舒國治的《門外漢的京都》書中，有一篇〈在京都坐咖啡館〉，提到有些咖啡館藏身於歷史建築的角落，為古都增添了一些咖啡香氣。

吉田山上的茂庵

日本的咖啡很特別？還是只有咖啡館很特別？

我認為都很特別，特別到可以成為學術研究的對象。美國波士頓大學的人類學家Merry White寫了一本《Coffee Life in Japan》，她提到自己為什麼對日本的咖啡有興趣，有幾點令人驚訝的事實：

- 日本咖啡的消費量全世界第三大（僅次於美國與德國）。
- 目前全球最大的咖啡出產國巴西，其實是十九世紀日本與巴西合作的結果。
- 日本人普遍地飲用咖啡不是在星巴克引進之後，早在一百年前就已經流傳開來，而全世界第一家咖啡連鎖店就誕生於日本。
- 一百年前，咖啡館已成為日本人重要的生活空間，促進與創造日本文化的現代化。

如果以上的事實還不能夠讓你覺得驚訝，那我再舉出一點：第一間在日本開幕的咖啡館，與台灣有密切關係！

鄭成功的後代開了日本第一家咖啡館

反清復明的鄭成功有個後代鄭永寧在日本，世世代代在長崎擔任通事（翻譯）的工作，他們家族對於日本漢語教育的發展相當重要。十八世紀中期，當時擔任幕府翻譯的鄭永寧已經知道時代正在變化，瞭解到不只要會中文，英文和法文都是重要的外國語。鄭永寧有三個兒子：鄭永邦、鄭永昌和鄭永慶。鄭永邦曾經參加《馬關條約》割讓台灣的簽署儀式；鄭永昌也負責外交事務；鄭永慶則在明治二十一年（一八八八年）在東京開了日本第一家咖啡館「可否茶館」。

鄭永慶年輕時先到美國耶魯大學讀書，後來到了倫敦，而且曾經在巴黎學習法語。年輕的他沒有接下家族的翻譯事業，走了另外一條路——把在西方見到的咖啡館移植到日本。當時西方的咖啡館聚集了很多知識分子在此討論與分享新知，鄭永慶也企圖在日本創造這樣一處新的文化空間，所以在可否茶館放了很多書報雜誌，也陳列西方的新奇玩意。可惜當時風氣未開，加上他不擅經營，最後以破產收場。

日本人接觸咖啡的時間，比鄭永慶開設咖啡館的時間還早，但當時被當成藥物使用。

咖啡在日本最早的文字紀錄，在十八世紀末與荷蘭人的生意帳簿裡出現。一開始人們不知道怎麼翻譯koffie，所以用了「可否」、「可非」、「骨非」、「骨喜」和「加喜」等字，最後日文漢字寫成「珈琲」，中文也採取類似用法。

鄭永慶經營咖啡館雖然沒有成功，但是日本的咖啡館在可否茶館倒閉後十幾年，逐漸風行。從明治時代晚期到大正初期，也就是十九世紀末、二十世紀初時，在東京、橫濱、大阪和神戶等西化較早的城市，咖啡館如雨後春筍般開設。

全球第一家咖啡連鎖店：老聖保羅咖啡館

全球第一家咖啡連鎖店不是西雅圖的星巴克，而是一九〇九年水野龍的「老聖保羅咖啡館」（Café Paulista），水野龍是日本第一代赴巴西的移民。當時日本移民主要到北美西部墾荒，他們的勤奮傳到巴西政府耳裡，也希望日本人到巴西墾荒。

十九世紀末期，大約有一萬名日本移民到了巴西，時值咖啡的價格大跌，水野龍抓住了時代契機，建議巴西政府推銷咖啡豆到日本。他從巴西政府那裡拿到大量免費的咖啡豆，在銀座八丁目開設了第一家老聖保羅咖啡館，由於可以取得相當廉價的咖啡豆，咖啡賣得不貴，因此吸引了許多大學生和年輕知識分子在此逗留、倡議。此時的咖啡館不只是男性聚集的場所，女性除了擔任服務生之外，受過教育的女性文人也與男性一同出入咖啡館。老聖保羅咖啡館在二樓設有女賓部，日本第一份女性主義文學雜誌《青鞜》（創刊於一九一一年）的編輯會議就經常在此召開。

老聖保羅咖啡館後來在日本各大城市拓展分店，成為世界第一家咖啡連鎖店。而由於日本市場的需求，使巴西的咖啡價格回升，挽救了巴西的咖啡業。另一方面，日本有了穩定的咖啡豆來源，也使巴西的咖啡豆不再受西方強權控制。

在第二次世界大戰之前，隨著喝咖啡人口的增加，大規模的咖啡公司因應而起，像是Key Coffee和國際知名的上島咖啡（Ueshima Coffee Company, UCC）就在三〇年代成立。UCC咖啡創立於一九三三年，距今超過八十年，從進口生豆到烘焙加工，後來更直接進入產地，掌握了生產鏈，對培育樹種、採摘過程和管理價錢進行調節。UCC還發明了即溶咖啡、罐裝咖啡，影響全世界飲用咖啡的方式。

日本人普遍飲用咖啡，雖然稱不上全民運動，但是想喝咖啡真的非常方便，從自動販賣機到超級市場都能輕鬆買到。一個東亞島國竟然是全球第三大咖啡消費市場，這個事實確實令人驚訝，光是在東京就有超過八萬家咖啡館。

好咖啡館的基本條件：手沖咖啡

雖然許多地方都可以買到即溶、速食或是罐裝咖啡，但日本人不覺得那是真正在喝咖啡，只能算是提神而已。在辦公室的咖啡機按個鈕，或者在陳設相似的星巴克喝咖啡，既沒有風格也缺乏品味。真正喝咖啡，還是要去咖啡館喝手沖咖啡！

我曾經在紐約或巴黎找尋好的咖啡館，店裡的裝潢、氣氛和情調都很有特色，使用的豆子也相當出色，但仍然使用機器煮咖啡，按鈕就解決一切。但在東京或京都，一間好咖啡館的基本條件就是手沖咖啡。手沖咖啡脫離機械化、規格化的製作過程，追求個別化、特殊化和風格化。從店主人所選的豆子、烘焙到沖泡的方式，不管使用虹吸式還是濾網，一杯咖啡蘊藏的不只是工作而已，還是店主人的專業與熱情，這就是「職人」精神。

職人與咖啡

「職人」兩字從日文而來，近來在中文裡被頻繁使用，但其所代表的精神，還是在日本各行各業中才看得到最淋漓盡致的表現。職人以往指具有專業技能的傳統手工藝者，後來漸漸演變，只要是技術專才都可以稱為職人。他們的精神必須經過長時間鍛鍊，並且一生都必須帶著追求完美的態度，無止境地磨練自己的技能。

職人不是工匠，不只要有熟練的手藝，還必須有嚴肅認真的態度，充滿著強烈的自尊心，有過於常人的堅持。例如，著名的漫畫《將太的壽司》，書中呈現專業壽司師傅挑選食材、餐盤，認真看待客人需求、氣溫和季節感等細節，達到料理的崇高境界。日文有一個字「こだわり」，中文翻譯成「在意」、「拘泥於某件事」或是「堅持」，但這樣還不足以成就一個職人。職人的態度很重要，對一件事的執念，要把「心」融入其中，並重視每個細節。

咖啡之神：關口一郎

咖啡雖然源自歐美，但是傳進日本後，日本人以特有的職人精神投注於咖啡，從豆子的選擇、烘焙到沖煮，關注細節、近乎苛求，也就是職人的「こだわり」。銀座的「琥珀咖啡」，開業已經六十七年，就是咖啡職人精神的最佳體現。

「我天生就喜歡探究事物的本質。」

說這句話的不是哲學家，而是銀座八丁目琥珀咖啡的關口一郎，他所說的「事物」指的是咖啡。他出生於一九一四年，高齡超過一百歲，雖已將咖啡館交給外甥林不二彥管理，但一星期之中仍然有幾天會坐在店裡。他在日本烘焙咖啡界有著無可取代的地位，對他而言，唯一的念頭是如何把咖啡煮好。

「一生唯一念。」他說。

關口一郎畢業於早稻田大學工學部，他從工學當中學到如何掌握事物的本質，然後透

不同的咖啡豆有不同的風味

過自己的熱忱，創造屬於自己的咖啡風味。

從豆子就可以瞭解關口一郎的用心。一般而言，歐美咖啡愛好者喜歡的是「新豆」（New Crop），由於水分含量較多，味道與香氣較為豐富，被視為較優異的咖啡豆。日本人則喜歡「老豆」（Old Crop），採收超過兩年以上的咖啡生豆，這種含水量較少的豆子，味道與風味都比較清淡。

琥珀咖啡不只使用老豆，還使用所謂的「陳年咖啡豆」（Aged Coffee）。這種咖啡豆需要放在溼度和溫度一定的環境，在這個講求快速的時代，得來十分不易。琥珀咖啡最為貴重的豆子，年份甚至高達四十年。陳年咖啡豆就好像陳年的酒，帶著成熟而醇厚的風味，時間已經去除豆子中多餘的酸性與水分。

除了對於豆子的堅持，關口一郎發現將豆子研磨成粉末，粗細度無法相同，一些漏網的咖啡細粉（日文稱為微粉）在沖煮咖啡的過程中會被過度萃取，導致咖啡過於酸苦。為解決細粉的問題，學工程的他發揮所長，研發與一般碾磨式磨豆機不同的機器，利用旋轉離心力，使咖啡粉達到一定粗細程度時被甩出濾網，將細粉量減到最低。

但是，關口一郎發明的磨豆機所研磨的咖啡粉並不能用虹吸式沖煮，因為對於陳年老豆而言，這樣的煮法無法將豆子的醇厚展現出來，只能以手沖方式讓水一點一滴穿過層層粉末，透過濾網滴出琥珀色的汁液。

琥珀咖啡坐落於銀座後巷當中，相較於中央通的繁華與熱鬧（早上是逛精品店的人潮，夜晚則是百花齊放的酒廊），更顯得特別。咖啡館的裝潢讓人很容易聯想到咖啡：深咖啡色的木門、懷舊的空間布置、色彩鮮豔的幾何形小磁磚搭配木質牆面。店內的空間分成吧檯與單獨座位區，深紅色的沙發配上實木吧檯，散發溫暖、沉穩又典雅的感覺。

招牌寫著「珈琲だけの店」，英文則是Coffee only, own roast, and hand drip——只賣咖啡、自家烘焙、堅持手沖。這樣的宣示就是日本咖啡與歐美咖啡不同之處。歐美的精品咖啡主要流行單一品種，而日本則流行咖啡職人們的混和咖啡。每一家咖啡館主人選擇最符合自身風格的混和方式，僅此一家、別無分號，也無法複製。

手沖咖啡是琥珀咖啡的特色，堅持一次僅研磨一杯咖啡豆分量的咖啡粉，不會為了方便先研磨起來擺著，因為豆子變成粉末之後，會因為空氣溼度產生味道的變化。這裡一次只為一位客人準備他的豆子、燒煮他的熱水、手沖他的咖啡，在求新、求快、求便利的時代之中，這樣的咖啡彌足珍貴。看著現在的店長林不二彥提著手沖壺，仔細且精準地控制水的流量，那股專注的神情，使人很自然地與職人精神連結在一起，他繼承關口一郎的職志，希望每位享用咖啡的人都能感受到他所投注的熱忱與心意。

咖啡館的選擇

日本有均一化、普遍化、機械化的星巴克，也有著風格獨特、展現個人氣質的咖啡與咖啡館。一間咖啡館能表現消費者對店主人風格的認同，有些咖啡館的咖啡像強烈的節奏、有些則是厚實溫暖的音符，即便使用同一種豆子，不同的年份、水質、溫度，也會產生不同的滋味。

咖啡館一開始傳進日本時是傳播西方新奇事物的場所，也類似哈伯瑪斯（Jürgen

Habermas）所說的「第三空間」，學生、知識分子在此談天說地。在一百多年的發展過程中，咖啡館的功能更加豐富，是上班族進公司前沉澱心情的地方、是主婦暫時遠離家務事的場所、是宅男們幻想的實踐（女僕咖啡）、是閱讀漫畫與雜誌的小型圖書館。咖啡館，賣的不只是咖啡，還提供一個家與工作場所之外的空間，讓人可以休息、等待和喘息。

第三空間

有別於住家與工作場所外的空間，成為生活中的緩衝地帶，除了咖啡館以外，其他像是酒館、圖書館都算是「第三空間」。

品味店家

・琥珀咖啡 Cafe de l'ambre

地址：東京都中央區銀座 8-10-15

電話：033-571-1551

網址：http://www.h6.dion.ne.jp/~lambre

・十一房咖啡

地址：東京都中央區銀座 2-2-19

電話：03-3564-3176

・巴哈咖啡 Cafe Bach

地址：東京都台東區日本堤 1-23-9

電話：033-876-7588

網址：http://www.bach-kaffee.co.jp

休日：星期五

・蔦珈琲

地址：東京都港區南青山 5-11-20

電話：033-498-6888

網址：http://tsuta-coffee.digiweb.jp

休日：星期一

・北山咖啡館

地址：東京都台東區下谷 1-5-1

電話：033-844-2822

網址：http://kitayamacoffee.com

休日：星期一

・茂庵

地址：京都市左京區吉田神樂岡町 8
電話：075-761-2100
網址：http://www.mo-an.com
休日：星期一

・名曲喫茶 柳月堂

地址：京都市左京區田中下柳町 5-1
電話：075-781-5162
休日：國定假日

・靜香咖啡 Shizuka

地址：京都市上京區今出川通千本西入南上善寺町 164
電話：075-461-5323
休日：每個月第二、四星期日

第二章

傳統飲食文化的現代體現

醬油的傳統與現代

關西的醬油傳統可以在小豆島上追尋，關東則是野田的龜甲萬。前者堅持古法釀造，後者則對傳統進行現代的改革。

今日製造醬油的重要地點大部分是江戶時代傳下來的，關東有野田、銚子等地，關西則有四國香川的小豆島。這兩個地區的醬油，最大差別在於前者是濃口醬油，而後者則是薄口醬油。

以米飯為主食的日本飲食文化當中，味噌和醬油可以說是調味的靈魂。兩者都是以發酵為基礎的調味料，有共通的生成基礎，出現時間大約在安土桃山時期。本來稱為「醬」（ひしお）的調味料，是將食材鹽漬發酵後的稱呼，故魚、肉、野菜或穀類都可以是「醬」，例如魚醬、草醬或是穀醬。而從黃豆、米、麥發酵製成的醬油，據說源自金山寺味噌，是由到中國宋朝修行的心地覺心禪師傳回來的。

十六世紀晚期，日本的辭典《節用集》就記載了醬油，但當時它的價錢比米高三、四倍以上，所以無法在民間廣泛使用。直到江戶時代中期後，醬油才是藏諸民間、隨手可得的調味料，「煮物」、「鍋物」等日常基本料理都以其調味，例如關東地區民眾經常將醬油和蕎麥麵搭配食用，關西民眾則搭配烏龍麵。

維持傳統釀造法的小豆島

位於本州和四國間東西向的瀨戶內海，散布著一千個左右的大小島嶼，擁有美麗的景觀、四季宜人的環境，所以在昭和九年被指定為國家公園。這些島從古至今都是船運發達的地方，尤其在本州和四國間還沒有橋梁連接前，物資補給和人員交通都經由水運，更因為大阪灣到九州間的陸運不便，想到京畿述職的大名、武士，商人們想運送農業產品、地方特產等貢品，都得依賴瀨戶內海的船運。（請參考80頁地圖）

瀨戶內海是日本近代以前航運的大動脈，來往的船隻密集且頻繁，所以覬覦財貨的海盜就出現了。織田信長和豐臣秀吉都曾壓制海盜，德川家康統一天下後，也透過禁令和武力防止海盜再起。

瀬戸内海
行政區劃圖
东
南
西
北
中部
関西
大阪灣
小豆島
瀬
戸
内
海
中国地方
四国
九州

德川幕府將小豆島歸入幕府的直屬地，因為島上耕地面積狹小，故利用其絕佳的交通位置，移入原料在此加工之後再輸出。醬油製造業從四百年前開始在島上生根，乾燥氣候和新鮮空氣非常適合醬油發酵過程產生的麴菌生長，也在此發展製造醬油所需的製鹽業。

這個布滿小丘陵的島嶼，面積只有台北市的三分之一，但全盛時期卻有高達四百間的醬油廠；現在約莫剩下二十幾家，每家都是百年以上的老鋪。位於島東南邊內海灣沿岸的醬油群落號稱「醬之鄉」，其中較大的醬油工廠有「丸金醬油」，採用現代化的製造技術，可以預約參觀。而更值得注意的是古法釀造的醬油。

小豆島醬之鄉的山六醬油

醬油的製造過程並不容易，當現代化的醬油技術傳入時，小豆島部分的醬油廠也改用不銹鋼的桶子，以電腦控制技術來製作醬油。以下介紹的山六醬油，它選擇了傳統但較為困難的製造方式。

工廠就在巷弄轉角盡頭的幾棟日式房子裡，這裡同時也是老闆山本家的房子，所以帶著點「家庭工廠」的味道。大門口放著兩個比一般成人還高的大型杉木桶當作門面，似乎想告訴訪客這裡與一般現代化醬油廠不同——以杉木桶製作醬油。服務人員帶領我到「醬油藏」（製作醬油的場所），裡面是直徑達兩公尺三十公分、高兩公尺的木桶，而這樣的木桶在山六醬油共有六十樽。因為歷經一百五十年的製造過程，桶子和木造房子中似乎覆蓋著一層一層發酵的菌。

天然醬油最少需要一年到兩年的時間才可以完成，一般是在十二月到三月之間，將黃豆、小麥和鹽等原料放入杉木製成的桶子中，原料在五月底天氣逐漸炎熱時會開始發酵。據說在盛夏炎熱時，聽得到發酵的「噗哧噗哧」聲。而山六醬油最知名的「鶴醬」，在發酵兩年之後再加入原料，以同樣的過程再發酵一次，故要將近四年的時間才能完成。

擁有一個半世紀歷史的山六醬油，現任老闆山本康夫是第五代經營者，從小在小豆島成長的他，大學以後才離開家鄉，在大阪與東京的商社工作一段時間之後，再回來繼承家業。他瞭解到以木桶製造的醬油，在日本已經成為少數，這種自然發酵的醬油所需的時間相當長，在快速的時代裡更顯現其可貴。

幸好有堅持的日本職人，讓我們能瞭解醬油的自然發酵過程，品味到真正的甘醇風味。在小豆島上，醬油是歷史也是現在進行式，它是飲食傳統的現代延續，可以喚醒人的味覺。只有維持飲食傳統，我們才知道食物的真滋味，才能避免有毒物質戕害身體。

ヤマロク醤油(株)

小豆島的小豆是什麼豆？

小豆島除了適合生產醬油，也適合橄欖樹生長。小豆島在明治維新之後，引進了一些舶來品，其中包括橄欖，就是小豆島的「小豆」得名由來。（日文漢字「小豆」指的是紅豆，但在小豆島指的卻是橄欖。）

橄欖在日本栽種的歷史最早可以追溯到十六世紀末，當時的傳教士帶來種子試種了幾株。明治維新之後，第一次參與萬國博覽會的日本代表，從巴黎帶回一些橄欖樹苗，或許因為橄欖在日本沒有實際的用途，所以後來這些樹因無人照料都沒有開花結果。

日本在一九〇五年的日俄戰爭中打敗了俄國，在日本海沿岸得到了大面積的漁場，有以往沒接觸過的沙丁魚，而此時發展出的罐頭工業使海鮮可以製成罐頭。

然而，沙丁魚的保鮮必須透過橄欖油，所以明治政府在一九〇八年選定了三個氣候較溫暖的地方種植橄欖：小豆島、三重縣和鹿兒島。

這三個地方以小豆島的結實成果較好，後來成為日本大量種植橄欖的地方，或許是因為氣候較類似地中海的緣故。

雖然橄欖樹可以結成果實，但是必須進一步摸索榨油的方法。剛開始甚至使用製作醬油的機器和麻布製作橄欖油，經過不斷實驗，現在除了有自產的橄欖油以外，也開始製造化妝品等產品。還因為橄欖油與西方文明的重要起源地——米洛斯島締結姊妹島，橄欖樹與橄欖花甚至已經是香川縣的縣樹和縣花。

世界的龜甲萬醬油

《哈佛商業評論》在九〇年代選出兩本重要的管理學書籍，《基業長青》是其中一本，作者柯林斯（Jim Collins）和波拉斯（Jerry I. Porras）透過六年的研究，從世界前五百大企業中選出了十八間五〇年代前成立的公司，它們都曾面臨時代的嚴峻考驗，並且在激烈競爭中生存下來。

日本擁有兩萬家百年以上的長青企業，其中超過九成都與「生活必需品」相關，飲食更占大多數，包括餐廳、調味料、飲料、漬物、甜食等，其中與近世日本人飲食傳統最有關係的就是龜甲萬醬油。

豐臣秀吉、德川家康與龜甲萬有關係？

故事可以從日本戰國群雄競逐天下開始講起。豐臣秀吉死後，群臣之間產生了嫌隙。德川家康雖然在秀吉死時，發誓支持秀吉的兒子秀頼，但是他知道繼位的幼子不是他的對手，奪取天下的欲望便重新燃起。秀頼戰敗後，豐臣家的武士全數切腹自殺，其中一名武士賴德在大阪城陷落時也跟著主子一同赴死，但為了留下香火，賴德的妻子真木茂攜子逃亡。

真木茂就是龜甲萬第一代的創辦人。

德川政權怕豐臣家的殘黨負嵎頑抗，追捕時間長達十五年。真木茂帶著兒子兵三郎，從大阪一路往東逃，最後落腳於江戶城東北方的野田（位於千野縣內），改姓茂木。

從當時的文獻來看，一六六一年時，野田地區釀造商人有高梨兵左衛門、茂木七左衛門，高梨家製造醬油、茂木家製造味噌。味噌和醬油的製作步驟有點類似，差別在於味噌以煮過的大豆泥、鹽和水製成；醬油則增加了炒過的碎麥加以發酵。為什麼他們選擇在野田製造醬油呢？

德川家康建都江戶，附近鄉村所種植的白米大部分都得送進城中，供諸侯和武士階級食用。野田的農民平日除了種植稻米之外，在冬季農忙之餘會釀造醬油，以賺取額外的金錢。野田是利根川流經之地，所以運送貨物至江戶十分方便。（案：現在的東京雖然看不到水道的痕跡，但是江戶城其實是個水都，有縱橫交錯、大小不等的河川交通網絡。）便捷的水利交通成了野田製作醬油的優勢，但促成此地醬油製造業繁榮的重要原因還有一個：江戶形成的日本料理，其味覺基礎都離不開醬油。

鰻魚飯、蕎麥麵、天婦羅和握壽司都需要醬油

「江戶四大食」：鰻魚飯、蕎麥麵、天婦羅和握壽司，都需要醬油。鰻魚得浸在以醬油為基底的湯汁燒烤，蕎麥麵、天婦羅和握壽司所沾的醬汁也都以醬油調製而成。除此之外，關東煮也需要醬油、昆布和鰹節所熬煮的高湯。

相較於以往的醬油，江戶人喜歡的醬油，色澤較暗，屬於濃口醬油。由於江戶是新興的都市，除了將軍與武士階層之外，一開始在這裡討生活的芸芸眾生大多是勞動階層，又以男性居多，而以濃口醬油為基底的料理口味較重，能提供勞動階級所需的鹽分，滿足其口味。

從當時留下的紀錄來看，直到十八世紀末期和十九世紀初期，還沒有大規模生產醬

油，在野田地區的上百家醬油廠，仍屬於家庭工業。隨著江戶的人口愈來愈多（在十八世紀後期逼近一百萬人），成為當時世界最大的城市之一，就必須大規模生產醬油以應付市場需求。

歌川廣重繪製的浮世繪〈下総国醤油製造之図〉，具體地展現醬油製作的方法（請見92頁）。下總國就在野田一帶，從江戶時代以來，此處就是關東濃口醬油的重要產區。

龜甲萬的崛起與走向世界之道

本來每家釀造廠都有自己的工序和獨門配方，但為了大量製造，勢必得制定規格化和標準化的製作程序。野田地區的醬油工廠面對市場需求，開始整合。茂木家和高梨家以入贅的方式結成親戚，先進行合併，再擴大事業範圍。

十九世紀中期，當家的茂木佐平治以龜甲萬做為商標向幕府登記，使顧客熟悉品牌——六角形的造型，中間的萬字標記——現在已成為全世界許多人都認識的標誌。

早在幕府時代末年，龜甲萬即已瞭解品牌行銷的策略。幕府開港後，日本走進國家現代化的進程，龜甲萬在此時也快速地整合，改變經營策略和方式。一八七二年阿姆斯特丹的世界博覽會，龜甲萬登陸歐洲，並在其後幾十年中取得歐洲和美國的商標註冊。

為了擴大競爭力，野田地區的十二家釀造廠組成「野田醬油釀造協會」，大量買進原料，定下製作程序及規範，集資成立研究室以改善釀造方式，並且將散落在野田地區的釀造廠以「龜甲萬」之名開始行銷，在品質沒有改變的前提下，引進科學技術，開始大規模生產。

野田地區的鐵路鋪設也是龜甲萬投資建造的，企業深知水路運輸已不適用於新時代，必須改善野田的交通，才能使運輸便利。賺了錢的龜甲萬同時也回饋地方，特別是水源相關設施的建設，因為深信有好的水源才能夠釀造出好的醬油。

從製作醬油的三個重要過程——製麴、發酵、精煉——來說，製麴和精煉的過程都可以使用自動化的過程加速，但是發酵仍得花上幾個月，因為發酵，才使醬油具備特殊的香氣，而這樣的時間是無法縮短的。龜甲萬相信在食物的製作過程裡，速度會破壞

歌川廣重〈下総国醤油製造之図〉
野田市立図書館

原本該有的味道和香氣，人工合成的醬料也會對人體產生不良的影響，甘醇且天然釀造的醬油才是立身之本，產品的本質才是永續經營的本錢。

在歐美的亞洲系飲食，很多都使用龜甲萬醬油，市占率超過五成以上，即使醬油瓶中的醬油不是龜甲萬，也會使用龜甲萬設計的醬油瓶。工業設計師榮久庵憲司在一九六一年設計的龜甲萬醬油瓶，以其圓弧、流線的造型成為設計中的經典。透明的瓶身可以展現其中醬油的色澤，再加上紅色的圓形塑膠蓋，被稱為「萬字豉油樽」的醬油瓶，刺激了戰後日本的工業設計。

在榮久庵憲司設計出龜甲萬醬油瓶的同一年，龜甲萬家族的年輕世代茂木友三郎也取得了紐約哥倫比亞大學的企管學碩士，是戰後第一個在哥大取得企管學碩士的日本人，他雖然出身龜甲萬家族，但龜甲萬有一套複雜的繼承制度來決定管理者。八個主要家族每一代只能讓家中一個男性進入公司，但能否進入管理階層或董事會則取決於個人的努力和業績。

茂木友三郎除了在哥大讀書，課餘時也在美國的超市打工，並從東岸旅行到西岸，以觀察北美市場。醬油當時只在美國的日本人和華人社群流傳，美國人完全不知道這個黑黑的液體是用來做什麼的。年輕的茂木友三郎想在美國設廠，不僅有說服龜甲萬內部的壓力，也要克服怎麼向美國人介紹醬油的問題。他透過無數次說明告訴廠區當地的居民，將大量採購當地的小麥與黃豆，並且聘用本地人，還一再重申龜甲萬醬油的自然風味，終於使居民歡迎並接受這個來自遠方的食品企業。

龜甲萬的故事不僅是飲食傳統現代化的典範，也是企業管理的指標。從真木茂到茂木友三郎，龜甲萬的企業故事真的是開拓者的傳奇！

醬油的頂級美味

・山六醬油

地址：香川縣小豆郡小豆島町安田甲 1607

電話：087-982-0666

網址：http://yama-roku.net/

・丸金醬油

地址：香川縣小豆郡小豆島町苗羽甲 1850

電話：087-982-0047

網址：http://moritakk.com/know_enjoy/shoyukan

・龜甲萬工廠

地址：千葉縣野田市野田キッコーマン食品野田工場內

電話：047-123-5136

網址：http://www.kikkoman.co.jp/enjoys/factory/noda.html

真味豆腐

豆腐雖然普遍用於中式料理，但是手作的傳統，甚至是豆腐的「真」滋味，只能在日本尋求。

有記憶以來，在台灣吃的豆腐都是超市所買由機械製造的盒裝豆腐；然而，在日劇中卻經常看到一般民眾到住家旁的豆腐店買當日現做的豆腐。日本的手作豆腐店家雖然沒有便利商店那麼多，但是至少都在家庭主婦可以到達的範圍內。

每家豆腐店所使用的黃豆不同，但幾乎都採用日本國產的黃豆。先將豆子放在石製的臼磨裡研磨，這樣磨製出的黃豆粉較渾圓，而渾圓的黃豆粉能散發出更豐富的香氣。（案：相較之下，機械磨製的黃豆粉較尖削。）接著把磨好的豆粉倒入滾燙的沸水裡，過程中要仔細且不停地翻轉與攪動，之後使用粗濾袋和細濾袋加以過濾。濾好的液體是豆漿，第一次濾完的豆漿日文稱為「一番」，而第二次的稱為「二番」，絹豆腐使用的是前者，木棉豆腐則使用後者。

慢而繁雜：手作豆腐的堅持

根據《東京下町職人生活》的紀錄，要使豆漿凝固必須打進鹽滷，打入的速度和方法會使豆腐的凝結度和質地產生差異。凝固之後必須將多餘的水分擠壓出來，先在滿是圓洞的箱子中鋪上綿紗布，接著放上竹簾，並以重物壓在箱子之上，豆腐就會在擠壓的過程中逐漸成形。豆腐的硬度和質地的鬆軟程度，取決於排水的速度、時間。製作過程的每一個步驟端賴經驗的累積，也必須隨著氣候、豆子的保存和溼度的差異做出調整。

豆腐店的工作時間極長，師傅往往早上四、五點就要起床準備，直到太陽下山才能關門。很難相信在這種求快、求便利的時代，日本人還堅持以慢而繁雜的手續準備及製作豆腐。

豆腐之旬味

就算是每天買同一位師傅的手作豆腐，吃起來的感覺也不大相同，更不用說與機器製

歌川豊國〈豆腐田 を作る美人〉・可見手作豆腐
味の素食の文化センター

成的豆腐的差別。黃豆的產地、水質和氣候的差別也影響著豆腐的味道。職人說著豆腐之「旬」味：

「旬」是指食物味道最美好的時期……如果使用盛產期的豆子，做得出好吃的豆腐嗎？在十月、十一月、十二月，用了新豆來做，豆腐的確會發出光彩；它比放了一年的老豆子要好，但做出來的豆腐會帶一點黏性。

將這種新豆子放著過冬，到了二月的時候，因為豆子的水分消失了，這時候的豆子味道特別濃，所以，二、三月時，可以做出凝結感較好的豆腐。

《東京下町職人生活》

豆腐由中國東傳日本

豆腐雖然普遍用於中式料理，但是手作的傳統，甚至是豆腐的真滋味，只能在日本尋求，就像很多從中國傳到日本的書籍、文化和思想，在中國已經消失，卻仍然在日本流傳。

豆腐，據說是漢代淮南王劉安時發明的，現存的資料中，最早的要算是宋代初年陶穀的《清異錄》，其中記載：「潔己勤民，肉為不給，日市豆腐數個。」而當地百姓「呼豆腐為小宰羊」。由這段紀錄可以發現宋代或五代時，豆腐已經在民間流傳，而當時的人稱豆腐為「小宰羊」，是因為發現豆腐的高營養價值，可以在不吃肉的時候當成代替品。

從寺廟往民間流傳

對於出家人來說，豆腐能夠彌補他們缺乏的蛋白質和營養需求，遂成為寺院重要料理。日本出現的最早記載是壽永二年（公元一一八三年）春日神社的供品紀錄，將豆腐稱為「唐符」。「唐符」以日文發音的話，與豆腐相近。宋代時，日本有不少僧人入宋習法，或許這是豆腐流傳入日本的原因。

江戶時代，在京都的寺廟周邊有許多很出色的豆腐，本來是寺廟中的飲食，或許是因為豆腐味淡，頗符合日式料理的精神，附近居民也對其產生興趣，遂逐漸往一般民眾的日常飲食傳播開來。江戶時代的《豆腐百珍》記載了各式各樣的豆腐作法，且加以品評。

不同的飲食文化使豆腐有不同的吃法，中國菜有名的麻婆豆腐和蟹黃豆腐，主要強調豆腐嫩滑的口感，而非豆腐的香味和色澤，調味則重在麻婆和蟹黃的醬汁，使黃豆的味道被抹去。想吃到豆腐真滋味，就一定要吃「湯豆腐」，而冬日是吃湯豆腐最好的季節。但由於氣溫的關係，豆腐很容易變冷，所以會在餐桌上放一個盛滿熱水的木盆加以保溫。

南禪寺的湯豆腐

湯豆腐老鋪以南禪寺附近的「奧丹」和「順正」最有名氣，奧丹可能是附近店家中最老的一家，有三百多年歷史；而順正則除了湯豆腐之外，還將懷石料理與豆腐搭配，推陳出新。雖然豆腐已經不是禪院中的簡樸料理，但我一向喜愛懷石料理的季節感和精緻的搭配，故在京都旅行時，除了到平安神宮、南禪寺附近參拜，也到了順正用餐。

雅致的庭園來自以往的順正書院，屬於蘭學家新宮涼亭[3]所有。我從正門進去之後，先在步道上參觀庭園的景致，想著用餐時面對的就是這樣如畫的景色，便覺心曠神怡。

上：順正
下：順正的豆腐田樂燒

我預訂的湯豆腐懷石料理，一上桌之後先來了一杯溫暖的豆漿，去除寒氣與溫暖脾胃，味道和台灣所喝的不同，有濃稠且香醇的豆香，應該是「一番」的豆漿。接下來的上菜順序和一般懷石料理相同，由生到熟、冷到熱，鯛魚生魚片、水煮蝦、鮭魚卵，以及使用京野菜所醃製的醬菜。

這頓飯的高潮在於湯豆腐，搭配以昆布熬煮的清湯。豆腐使用的黃豆由農家直送，從灌溉到製作的鹽滷，用水都要達到標準，據說南禪寺附近的水質很好，所以湯豆腐才聞名於此。我以往在台灣所吃的豆腐，都在超市購買，是外表潔淨無瑕，還帶著點化學光亮的豆腐；但在日本吃的湯豆腐，放在木鍋中，卻帶著自然的白，每塊大小不等，樣子和質地也不一樣，咬下去的口感柔軟，可以感受到豆腐的紋理，也有悠悠的豆香和甜味。在湯豆腐之後上桌的則是豆腐田樂燒——烤豆腐配上山椒紅味噌和白味噌，一鹹一甜，味道都很柔和，能提味卻不會蓋過豆腐的味道。

用餐過程中，我看著落地窗外的大片庭園，冬日的松樹依然綠意盎然，潺潺的小溪穿過，陽光灑落在溪旁的苔蘚上，宛如一塊柔軟的地毯，周圍木製的建築與蒼松、小溪和苔蘚相映，形成一種古樸風雅的氣氛，這真是一次難忘的美食體驗！

品味店家

·順正

地址：京都市左京區南禪寺門前

電話：075-761-2311

網址：http://www.to-fu.co.jp/

·奧丹

地址：京都市東山區清水 3-340

電話：075-525-2051

網址：http://www.tofuokutan.info/

3 新宮涼亭，生於一七八七年，卒於一八五四年，江戶後期的蘭學家、醫師，早年於長崎向荷蘭人習醫，返回京都後開設順正書院講學。

築地市場的海鮮故事

日本近世飲食最大的改變就是由吃河魚轉變成海魚。江戶時代因為近海漁業的發展，海魚成了日本料理當中的主角。

《莊子》有庖丁的故事，他在文惠君面前展現了神乎其技的解牛刀工。在日文中，「庖丁」是菜刀的意思。大廚小山裕久就指出了刀法對於廚師的重要性。從室町時代開始，「庖丁儀式」已經分為很多流派，像是四條流、大草流、進士流、生間流等。

日本料理的刀法主要展現於料理魚類，而非其他肉類。在室町時代的「庖丁儀式」裡，用的是鯉魚，是當時所有魚類裡最為高級的一種，從河川而來。到了江戶時代，因為近海漁業的發展，使日本食用的魚類由河魚轉變成海魚。

庖丁儀式

右手持刀、左手持長筷，將「三鳥」（鶴、雁、雉雞）、「五魚」（鯉魚、鯛魚、正鰹魚、鱸魚、鰈魚）切開分給眾人，由於手不能觸碰到食材，所以刀工要十分精湛。

江戶時代以前的政治重心在京都，以往在這裡若要吃海魚，只能從日本海沿岸的若狹灣捕捉，再透過醃漬的方法料理。德川家康定都江戶以後，臨近漁獲豐富的江戶灣（今日的東京灣），使江戶人不僅可以吃到海魚，而且還是最為新鮮的等級。

從日本橋到築地

從食用河魚轉變為海魚，也需要透過政府的調節，才能成功改變民眾的飲食習慣。德川政權除了在江戶大興土木之外，為了確保城內的魚類供給，召集了大阪佃村的漁夫，授權他們在江戶灣捕魚。漁夫們除了將捕獲的魚送到幕府，也可以在日本橋販賣，使日本橋成為魚類批發市場。

日本橋魚類批發市場歷經了數百年歷史，明治維新和東京現代化對它也沒有太大影響。然而，因為關東大地震，市場付之一炬，東京都政府透過這個機會找到東京灣岸築地，建立了一個新的魚類批發集中市場，成為今日的築地市場。

築地市場不是以遊客為主的觀光景點，而是一個營業中的市場，而且是世界最大的魚類批發市場，屬於東京都十一間中央批發市場的一座。由於市場龐大，足以供貨給周邊平價餐廳和販賣魚類的商店，甚至也供應東京大多數餐廳。而來到這裡的不僅有魚販、廚師，觀光客也將這裡視為必遊的景點。

築地市場分為場內市場和場外市場。漁獲的批發販賣在場內市場進行，每天清晨賣出的漁獲量為世界第一，主要由七家批發商和大約一千家仲介商在此購買最新鮮的漁獲。場內市場以往開放觀光客參觀，但由於大量遊客會影響拍賣進行，也造成運貨的困擾，故現在每天只接受一百二十名參觀者，並且有必須遵守的規則。

築地市場的場內、場外

場內市場愈夜愈美麗，從深夜十一點開始，不同地方的漁獲就由全世界各地運到築地。凌晨兩點，漁獲集中之後，批發商開始整理和盤點，並將水產品按照重量、新鮮程度和魚肉等級分類。為了確保漁獲的新鮮和漁民的收入，當日進貨必須全數賣完。大約四點多，最貴的魚類和最要求新鮮度的海膽就開始拍賣；五點半則進行為數最多的金槍魚拍賣（現在，一般遊客只能參觀金槍魚的拍賣）。當拍賣結束之後，批發商會將得標的漁貨整理好再送到各餐廳和市場。

場外市場則像是商店街，有各式各樣的小店聚集在此，零售新鮮漁獲；也有店家賣餐廳和廚房的器皿。小店有的門面不過數尺，卻宛如百寶箱一般，什麼都有。對於家庭主婦或是主夫而言，這裡可以滿足他們對於漁獲新鮮和價格上的要求；對於饕客來說，市場外的道路上有各式各樣熟食，可以飽餐一頓。

至8016－自8007
紀留水産
紀留水産
網弁
丸隆石川
小林川魚
小林川魚
太海
太海
第四十六棟
自7007－至7016
太海
太海
山喜之
山喜之
はせべ
はせべ
尾本
尾本
内長
内長
店舗前の通行及び駐・停止禁止時間
小車7:00～10:30・ターレット6:30～11:00
東京都衛生局認証済
(株) 丸隆石川水産
高級まぐろ
尾本
はせべ
山喜

築地市場一隅

人類學家眼中的築地市場

築地市場無疑是東京人飲食的中心，說它是「東京的胃」一點也不為過。從關東大地震以來，這裡在日本飲食文化中有著重要地位，也是全球漁業貿易的中心。哈佛大學人類學家、專門研究日本社會的貝斯特（Theodore C. Bestor）就以《築地市場》（*Tsukiji: The Fish Market at the Center of the World*）一書說明築地市場的運作方式，他指出築地市場的交易不只是單純的經濟活動而已，維持市場秩序的還包含日本的文化邏輯和社會結構。

築地既然是個市場，就存在著經濟活動的邏輯。這裡的大型批發商幾乎都是上市上櫃的大公司，他們受到全球經濟景氣的影響，被全球化的市場所牽連。這裡也是當代日本飲食文化傳統的捍衛者，是江戶料理數百年的原料來源。

築地市場可以說是全球化下的在地行動者。

日本傳統飲食文化決定漁獲進口的經濟需求，而市場中的商人藉著社會網絡維持著利益與分配，彼此間有深厚的人際關係，但也必須精明地算計。貝斯特觀察到築地這些小型魚販、餐廳或是經紀商，透過「家庭為核心」的模式經營公司，往往依賴由親戚、學徒或是同鄉關係所建立的社會連結。他們彼此之間建立起不同的行會組織，以保護自身的權利，並追求最大利益，這些傳統的組織或是職業，既保有江戶時代以來的職人文化，同時也與全球性的魚類交易連結。

築地市場會消失嗎？

東京在二〇二〇年將第二次舉辦奧運，東京都政府想將臨近銀座的大塊土地重新計畫，因此想把築地市場遷移到東京灣的人造土地——豐洲之上。很多人憂心這將使東京喪失一個將近八十年歷史的市場，或許也代表經濟模式的轉變：原來以家庭為中心的經營方式，將遭到大型連鎖店吞噬。

一個市場同時反映了日本社會、文化和經濟的關係，同樣的，一個市場的消失也將反映東京的變化。築地的搬遷當然是值得重視的問題，但是搬遷是否改變現在築地經營模式和飲食文化，我則覺得不一定。因為將近八十年前，魚市場從日本橋遷移到築地，不也成功地傳承了江戶的飲食文化傳統嗎？以後，魚市場仍然存在，只是它的名字不叫「築地」，而築地文化是否能傳承下去，則看日本社會面對變遷時的適應能力和調節方式。

從歷史和飲食傳統的角度而言，魚市場和其背後所代表的文化，歷經江戶時代和明治維新，仍然保存著，所以我們可以樂觀地相信，新的場所仍然會保留江戶時代以來的飲食傳統。

築地市場

地址：東京都中央區築地 5-2-1

網址：http://www.tsukiji-market.or.jp/

老鋪鰻魚飯

在炭火中慢慢燒烤的鰻魚，隨著一代一代傳承，從江戶幕府走到明治維新，從戰前到戰後。

思想可以化作文字，攝影可以將瞬間的影像加以捕捉，但食物的味道卻無法留住——不管用文字形容得如何活靈活現，也無法再現吃進去的瞬間感動；寫實的攝影一樣無法將吃完食物的滿足感以視覺的方式化為具象。所以，能夠真正傳承美味的方法，還是必須依賴料理職人。

關東與關西的不同烤鰻魚方式

鰻魚的烹調方式在東亞各地有不同的作法，日本人在十七世紀晚期發明了「蒲燒」的燒烤方式，即將鰻魚切開並剔除骨頭後，沾上醬油，串上竹籤加以燒烤。一開始只是貴族間流傳的食物，慢慢才在民間普及。而以烤的方式來說，關東與關西的烤鰻魚並

勝川春亭〈江戶大かばやき〉，可以看到宰殺與販賣鰻魚
味の素食の文化センター

不相同，關東將鰻魚從背部切開，放入蒸籠蒸過後再淋上醬汁燒烤；關西則從腹部剖開，不蒸直接燒烤。

最適合吃鰻魚的日子

日本人所謂的「猛暑」，是吃鰻魚的季節，在汗流浹背、食欲不振之時，恰好是「土用の丑の日」前後幾日。日本一年有四次「土用」，春夏秋冬各季交替結束前十八天，四季各有一次，但現在指的是夏季土用最熱的那一兩天，日本人有吃烤鰻魚的習慣。

為什麼在最熱的時候吃烤鰻魚？一般人都知道鰻魚的營養程度高，在日本或是東亞都被當成是滋補的食物。夏季因為天熱流汗，容易體虛不想進食，而鰻魚的肉性甘平，不是燥熱的食物，在天熱時做為補身的滋養食物能消暑去倦、補充體力。

兩百年的老店：大江戶

「割烹 大江戶」這間在江戶時代寬政年間（一七八九年~一八〇〇年）所創立的烤鰻

魚老店，目前已經傳到第十代。本店在日本橋，從日本橋的三越一路走來，轉進巷子中就看見一間三層樓的房子，外表上看不出來是已經營業超過兩百年的老店。

日室的木門搭配著暖簾，飄散出鰻魚香味，進去之後先是一長排包廂，即使將近晚上八點，也呈現客滿的狀態，我沒有預約，只能上二樓的雅座。由於客人多，再加上等了一段時間，我和老婆已經餓腸轆轆，但炭烤的功夫不能省，東京諺語說：鰻魚飯絕對不能催啊！當黑色漆盒所盛裝的鰻魚飯一打開，香氣溢出，我們一下就忘記了等待的辛苦！蒸過的鰻魚相當柔軟，淋上的醬汁甜而不膩，軟呼呼的鰻魚搭配軟硬適中的白飯，真的太好吃了！

鰻魚的品質、燒烤的時間、醬汁的鹹淡、白飯的口感，都是鰻魚飯好吃與否的關鍵。在炭火中慢慢燒烤的鰻魚，隨著一代一代傳承，從江戶幕府走到明治維新，再從戰前到戰後，即使時代變化，技藝還是難得地保存了下來。

打從有蒲燒鰻魚這種作法時，「大江戶」就開店營業了。在東京的烤鰻魚與鰻魚飯雖然多，但能夠經營長久、代代相傳的並不多，除了「大江戶」，還有「野田岩」，這兩

鰻魚老鋪：割烹 大江戶

家店等於是烤鰻魚的活歷史。

人間國寶鰻魚飯大師：金本兼次郎

和大江戶同屬於老店的野田岩，八十多歲的店長金本兼次郎被封為日本的「人間國寶」，對於鰻魚飯好吃的哲學更有自己的一套，對老鋪的經營也與一般人看法不同。

從地下鐵赤羽橋站出來，東京鐵塔就在眼前，沒有幾步路就到了野田岩的本店。雖然現在的本店是昭和五十年（一九七五年）重建的，卻是不折不扣的老屋，外觀維持古樸形象，內裝則是飛驒高山古民家所移植過來的建築，這種強調長時間使用所產生的風格，是一般塗料無法呈現的。

野田岩的歷史不只在建築，職人的專業技能已經傳了五代，超過兩百年，是間不折不扣的「老鋪」，而一間老鋪應該維持創業以來的味道吧？金本兼次郎卻不這麼認為。

野田岩的味道的確是變了。首先，鰻魚的原料來源改變了，以往使用天然的鰻魚，而現在因漁獲量減少的關係，所以淡季時，不得不使用養殖的鰻魚。金本兼次郎以往認為「不是天然就不使用」，所以必須在十二月到隔年四月關店休業；然而，除了店租成本之外，將近半年的休業也需要付出人事費用，使得他開始尋找較好的養殖鰻魚。其次，鰻魚所用的沾醬（たれ）味道也與以往不同。由於以前人移動的方式主要是步行，勞動量大，易流汗，所以沾醬較鹹，現代人對於醬油和味醂的調味需求，則變得比較清淡。

除此之外，為了使鰻魚飯也能為外國人所欣賞，金本兼次郎積極地走訪法國，進行「料理修業」，不僅實際瞭解高級餐廳的經營方式，也尋找適合和鰻魚飯搭配的葡萄酒。

老鋪不能一成不變、故步自封，面對時代的改變，必須想辦法讓客人依然感到美味。除此之外，經營方式也得跟著改變。然而，老鋪還是有著無以改變的「傳統」，這個傳統是一種堅持，是職人的割烹之技、處世方式。

串魚三年、剖魚八年、燒烤一生

割烹的作法主要可以分為五道程序，一是從鰻魚的側面割開；二是以竹籤串進割開的鰻魚；三是素燒，不沾醬，烤至脂肪滴出；四是將鰻魚蒸至全熟；五是沾上醬汁再加以燒烤，把醬汁的味道融入鰻魚中。每一道程序都要花費時間與心力才能習得職人的技術，所以流傳著一句話：「要成為割烹料理人得串魚三年、剖魚八年、燒烤一生。」

職人必須具備精湛的刀工，才能從滑溜溜的鰻魚側面沿著背骨一口氣將鰻魚切開。平均兩分鐘要切開三隻，因為速度與刀工是確保鰻魚新鮮度和肉質的重要工作。而串魚，不只是把竹籤簡單地串進割開的鰻魚而已，串入的竹籤必須確保火烤時魚皮與肉之間多餘的脂肪能夠烤出，所以必須掌握鰻魚的肉身紋理。素燒的過程要確保鰻魚不能燒焦，所以要保持高度的專注力，觀察炭火強度和燒烤過程。當鰻魚蒸好了，沾醬放在炭火上再烤，為了確保脂肪全熟，必須翻烤三十六次，當觀察到鰻魚散發出光亮，聞到香氣撲鼻，多餘的脂肪滴落在炭上，感覺對了以後，才是上桌的時刻。

年逾八十歲的金本兼次郎，即使入行已超過六十年，早是公認的大師，還是認為上述程序是每天必須精進的技術。

鰻魚三樂

野田岩算中價位的鰻魚飯，不是最高價的，但對於鰻魚的品質相當堅持。在能夠使用天然鰻魚的季節，金本兼次郎會親自到茨城縣的霞之浦，有時一個星期跑十幾間批發商，以確保品質和數量的穩定。即使在無法使用到天然鰻魚的季節，也直接到養殖場瞭解鰻魚的品質。

我曾在秋日造訪野田岩，點了一套「鰻魚三樂」（即鰻魚三吃）。一開始的前菜為鰻魚凍，是將鰻魚煮過之後，具有膠質的湯汁所形成的凍，晶瑩剔透且切成方塊狀，宛如琥珀一般，有柔軟的質地與清爽的醬油口味，是相當出色的開場。接著是招牌白燒鰻魚（志良燒），沒有沾醬的鰻魚，原汁原味，把海鰻的美味發揮得淋漓盡致，筷子插入鰻身的瞬間，魚肉即分開，一口吃下去後，魚肉的鮮味在口中化開，美味無比。最後一樂是「鰻重」（鰻魚飯），搭配符合現代人口味的沾醬，甜鹹適中，不會搶過鰻魚的味道，相得益彰。

野田岩的鰻魚三樂，
由上至下：
鰻魚凍、白燒鰻魚、
鰻重

除了鰻魚飯好吃以外，野田岩也講究盛鰻魚飯的器具，採用「輪島塗」，為日本漆器的極品。漆器所具有的古典、穩定風格，與店家所呈現的基調相似。但漆器必須定期更新，而所有的餐具又得互相搭配，所以野田岩每年必須花費上千萬日幣在採買器具上。

據說昭和時代的和歌創作者齋藤茂吉嗜吃鰻魚飯，和夫人初次見面時，夫人因為緊張而吃不下，茂吉毫不猶豫地把她剩下的鰻魚飯吃完。而且，吃完之後，他說：「雖然只有那短短的幾分鐘，樹木似乎變得更鮮綠了。」

的確是如此，走出野田岩的午後，我感覺晚秋東京的楓葉似乎更加醉心、更加迷人了。

品味店家

．割烹 大江戶

地址：日本橋本町 4-7-10

電話：033-241-4848

・**色川**

地址：東京都台東區雷門 2-6-11

電話：033-844-1187

・**伊豆榮**

地址：東京都台東區上野 2-12-22

電話：033-831-0954

網址：http://www.izuei.co.jp/

・**野田岩**

地址：東京都港區東麻布 1-5-4

電話：033-583-7852

網址：http://www.nodaiwa.co.jp/oryouri.html

休日：星期日

・重箱

地址：東京都港區赤坂 2-17-61

電話：033-583-1319

網址：http://www.jubako.jp/

休日：星期日與國定假日

・宮川本廛　赤坂本店

地址：東京都港區赤坂 5-4-15

電話：033-583-3136

網址：http://t-miyagawa.com/

休日：星期六、日和國定假日

握壽司的藝術

完整且不浪費食材（魚材），而且讓每一部分的魚肉都能發揮到最淋漓盡致，就是師傅的好手藝。

美國總統歐巴馬去年訪問日本，日本首相安倍晉三在非正式的晚宴中邀請他到銀座的「次郎」吃握壽司，很難相信這間餐廳位在銀座一棟老舊大樓的地下室。一九九六年，美國總統柯林頓也曾經到此用餐。這間餐廳在米其林的評鑑中為三顆星，是握壽司的名店，店裡沒有菜單，每天的菜色由「壽司之神」小野二郎決定。他是全球最為年長的三星大廚，據說九歲就已經入行，一輩子都在他的「掌握」之中。

《壽司之神》這部紀錄片就以小野二郎為主角。他對食材與製作的挑剔，精準地抓住壽司的軟硬口感，連壽司入口瞬間與口內的細緻感受都要考慮進去，他在紀錄片的片頭對著鏡頭說：

一旦你決定好職業，你必須全心投入工作之中，你必須愛自己的工作，千萬不要有怨言，你必須窮盡一生磨練技能，這就是成功的祕訣，也是讓人家敬重的關鍵。

真是一段經典的日本職人宣言。對他來說，握壽司已是一門藝術，必須不斷地精進。用餐的客人們帶著品嘗藝術的精神前來，宛如欣賞一件偉大且鮮活的藝術品。然而，從握壽司的歷史來看，吃壽司不像欣賞藝術這麼嚴肅，而帶點輕鬆、簡單、美味的感覺，是很庶民的飲食文化。

壽司的起源

壽司一開始不是宮廷或是貴族的料理，而以平民料理的形式出現。《今昔物語》中，大街小巷都可見到壽司販賣。當時壽司的重點不在米飯，而在利用米飯發酵以保存海鮮。從壽司的語源來看，「酢（SU）SHI」漢字寫成「鮨」或是「鮓」，其實和發酵的酸味有關。東亞和東南亞飲食的重要傳統之一就是將米發酵，用以保存魚肉，是民眾在沒有冷藏技術之前，為了吃魚而發明的方法。

歌川國芳〈縞揃女弁慶　安宅の松〉，女子手捧一小疊握壽司
味の素食の文化センター

起源於奈良時代的「鮒壽司」，是比較早的壽司作法（現在關西的滋賀一帶還有「鮒鮨」），使用琵琶湖中的鮒魚，不像現在的握壽司以海魚為主。鮒壽司的作法費時又費工，春季捕獲鮒魚後，先處理魚鱗和內臟，之後將魚抹上鹽巴後儲存起來，過了兩、三個月，魚體內的血水會漸漸排出。約略在夏季時將魚取出，洗淨後在魚身抹上沾過鹽巴的米飯，接著放入米飯的桶中儲存，並且放上重物幫助其發酵，存放的時間從數個月到一、兩年都有。

由於存放的時間過久，已經「熟成」了，所以鮒壽司也稱為「熟壽司」（熟れ寿司）。由於經過長期發酵，所以鮒壽司有一種酸腐味，很多人無法接受，以為是壞掉的魚，但也有人就是喜歡這樣的味道。一般人吃握壽司習慣與米飯一起入口，但熟壽司的米飯發酵的時間過久，已經快變成米酒了，大部分人只吃具有風味的魚肉。

室町時代，在秋田與和歌山等地都將鮒壽司的發酵時間縮短，存放時間大約一個月，魚肉沒有那麼「熟成」，稱為「半熟成」，米飯還可以食用。目前秋田的「ハタハタ寿司」就有這樣的壽司，稱為「半熟半生壽司」（半熟れ寿司、生熟れ寿司）。

或許有人覺得將米飯丟棄太可惜，所以發明出半熟半生壽司，使得米飯也成為壽司不可或缺的一部分，也就是後來的醋飯。我個人覺得發酵這樣的方法，可以提高魚肉的味道，雖然半熟成的壽司沒有握壽司那麼新鮮、具有生氣，卻有獨特的滋味。

發酵曠日廢時，進入江戶時代之後，製造清酒的人想出將酒粕加入米飯之中的發酵方式，成為醋飯，不需要在發酵過程中加入魚，如此節省了許多時間，因此這種壽司被稱為「早壽司」（早ずし）。醋飯中的米醋除了含有醋酸，還有乳酸、有機酸、醣等成分，使得米飯也成為評斷壽司的重要標準。早壽司現在還是和歌山一帶的特產，但不再使用發酵米，改為冷的醋飯。它就是江戶握壽司的起點，而握壽司的「握」這樣的手法又和什麼有關呢？

壽司的模樣

江戶時代中期，關西地區的特產是「壓壽司」（押し寿司），其中的一種作法稱為「箱壽司」（箱寿司），在大阪和近畿地區流傳，現在依然是很有特色的鄉土料理。作法是將米飯和相關的食材放進木盒之中，嚴謹地排列整齊之後，進行緊壓。但江戶人性子急，乾脆就用手捏的方式，結合「早壽司」快速完成的醋飯，放上魚材就成了現在握壽司的形式。

日本的壽司形式不只上述幾種，每一種都有其源流與傳承，像是中國地方（日本有個地方叫中國，不要誤會）有溫熱吃法的蒸壽司（むし寿司）；鹿兒島有酒壽司（酒寿司），採用當地酒所製成的酒醋，使壽司吃起來更具地方特色。

雖然有各式各樣的壽司作法，但是說到壽司，最多人關注的還是握壽司，而說到握壽司的話，一定得認識華屋與兵衛這個人，並瞭解「江戶前」的意涵。

華屋與兵衛的飯糰大壽司與「江戶前」

江戶料理的特點之一是「生氣」（不是讓人憤怒的生氣，而是生氣蓬勃），其中又以握壽司最能表現出採用新鮮食材、不囉嗦、直接的手法。陶藝家也是知名美食家北大路魯山人曾形容關東飲食：

簡單、直接了當的手法，在客人面前展現食材生氣蓬勃的樣子，讓客人享用得心服口服。

江戶料理有「生氣」的原因，在於它形成於年輕的城市，所以產生與「京料理」細緻典雅的風格差異。握壽司做為江戶料理的代表，是日本料理相當重要的一部分，但如果說握壽司是日本的「傳統料理」似乎又不大對，因為它形成的時間非常晚，大約源於文政年間（一八〇四～一八三〇年），此時已經接近幕府末期，西洋料理都快進入日本了，握壽司才開始風行。

德川家康定都江戶，比起京都的文化、歷史與禮儀，有如教授與小學生的差別。江戶是一個從無到有的城市，德川家康帶來了大批的武士，為了供養這批不事生產的人，招來大批的農民與各種行業的工匠、商家。這些人多半是男性，所以江戶一開始是非常男人的城市，也因為男人太多，為了紓解這些單身男性的需求，所以當時的紅燈區「吉原」才如此龐大。

食、色性也，單身男性除了性需求，自己一個人也不太可能在家裡煮飯。因此，江戶是充滿外食的城市。握壽司一開始就是「屋台」販賣的庶民速食，而不屬於現在高級料理亭。我們現在習慣坐在「板前」（吧檯前），看著壽司師傅精湛的技巧，這樣的飲食文化正是從路邊攤轉變而來的，明治時代在淺草的「寶來鮨 本店」將路邊攤搬進餐廳中，椅子放在櫃台前，成了現在的「板前」。

當時，出身福井藩下級武士家庭的華屋與兵衛，在江戶出差時，看到熙來攘往的人潮，覺得自己可以在這個大城市闖出一片新天地，就在住所兩國附近的相撲競技場賣起壽司。本來販賣箱壽司的華屋與兵衛覺得不夠快，不夠「速食」，而且分量不夠大！他覺得如飯糰大小的壽司，才能夠填飽勞動階層的肚子，所以他販賣的壽司是現在壽司的三到四倍大，更進一步將這樣的大壽司與來自江戶灣（東京灣）的新鮮漁獲結合。

這種採用江戶灣所生產的漁獲，就是「江戶前」。（案：以往「江戶前」指在江戶灣淺灘所捕獲的鰻魚。）從歌川廣重的浮世繪〈東都名所高輪二十六夜待遊興之圖〉中，可以看到販賣握壽司的路邊攤。高輪是現在的品川附近，當時已經是海邊了（請見136頁）。

握壽司的「妖術」

華屋與兵衛是當令和當地飲食（local food）的先行者，只用最新鮮且當季的漁獲，而且將隔夜飯倒入河中餵魚。以往的壽司搭配「辣醋味噌」，據說也是從與兵衛才開始採用芥末。除了創新的吃法，從當時的文獻來看，與兵衛的握壽司技巧有「妖術」之稱，米飯捏得軟硬適中，而且處理魚肉的方式恰到好處。與兵衛因為路邊攤生意興隆，獲得創業資金，開了餐廳並造成轟動，反而被幕府盯上（如果是中華民國政府，可能會查稅），以違反儉約令處以手鎖之刑（雙手以鐵鍊固定）。

與兵衛雖然無法再經營握壽司，但江戶已經興起吃握壽司的風潮。一八二四年，只有一家握壽司店的江戶地區，到了一八五二年，暴增為五千兩百五十家，成為當時最熱門的飲食方式。江戶時代末期所發明的握壽司，當時一貫八文錢，換算成現在大約是兩百四十日圓，但其外觀比現在的壽司大很多，所以不可能一次吃太多個。演變至今，一次就是十幾貫，而且大小適合一口吃完。

東都名所高輪廿六夜待遊興之圖

歌川廣重〈東都名所 高輪二十六夜待遊興之図〉
都立中央図書館特別文庫室

久兵衛

一家好的握壽司店，師傅要具備好手藝，且收費不能過高，對我而言，吃握壽司需要帶點隨興與輕鬆，因此，我帶著老婆到同樣位於銀座的「久兵衛」，這裡沒有「壽司之神」，在這裡吃壽司不求欣賞藝術。這不是說久兵衛沒有精湛的技藝，而是這間店讓顧客能輕鬆、簡單、愉快地享用美食，這正是所謂的「江戶前」握壽司。

坐落於銀座八丁目的久兵衛，是東京握壽司的老店，藏身於小巷中一棟五層樓的建築中。掀開暖簾，服務生帶我們走進一樓的吧檯，有四個師傅，總共十幾位客人。整體空間清爽而舒適。每個師傅服務二到四位客人，能隨時觀察到客人的需求。五樓也是壽司吧檯，在此可以近距離地看到師傅的手藝；二樓是和室榻榻米座席，除了提供握壽司，也結合懷石料理；四樓則是等候區，展示北大路魯山人的陶藝作品，這裡曾經是他喜愛並經常光臨的地方。

我們造訪時是五月初，一些夏季的漁獲已經入港。一開始以海帶芽和茗荷做為前菜，茗荷帶點蔥、薑的味道，卻沒有那麼辛辣，挑動著味蕾，接下來依序介紹：

1. 鮪魚中腹肉

握壽司的首貫為鮪魚中腹肉，這部分的油脂和鮮味最為均衡，久兵衛以江戶前的傳統作法，刷上たれ（以醬油、糖、高湯製成的濃稠醬汁），新鮮的魚材搭配醋飯，鮪魚的油脂在嘴巴化開，是絕佳的開場。

2. 白身魚

依序為鯛魚和鰈魚，鯛魚現在一年四季都吃得到，雖然沒有鮪魚的脂肪，但正因如此，才吃得到魚肉散發出的淡淡甜味；鰈魚的口感也是淡淡的，入口後，魚的鮮味一點一點慢慢地湧現出來。

3. 海膽軍艦卷

久兵衛採用從北海道而來的蝦夷馬糞海膽，味道強烈、甘甜，具備特別的風味，刷上醬汁後更加濃郁，使這頓飯進入高潮。從清淡到濃厚，有如一場表演。

4. 車蝦

也稱虎斑蝦，師傅將活潑跳動的蝦子的頭拔掉，手法俐落地取出蝦肉，配上醋飯，加點鹽提味。還在壽司上抽動的蝦肉，味道爽口，日本人稱為「跳舞」。

5. 初鰹

初夏的漁獲中最為特別的就是鰹魚，江戶人的諺語說：為了吃到「初鰹」，即使典當老婆也在所不惜。生鮮的初鰹，帶皮用火炙燒後捏成壽司，在表面塗上酒醬油。由於鰹魚的油脂含量不高，肌理形成特別的口感，搭配微甜的醬油和醋飯，相得益彰。

6. 星鰻壽司

星鰻燒烤過後製成壽司，帶著皮肉，濃郁的味道搭配醋飯和山葵。入口後，舌頭一頂，柔軟、溫熱的星鰻就化開了。

久兵衛師傅以輕鬆、從容的態度展現技藝，俐落手法自然不在話下，其新鮮的食材、軟硬適中的醋飯、精準的上菜速度，成就了完美的一餐。師傅與我談笑風生，一旁的日本顧客知道我們從台灣來，都向我舉杯致意，表明他們對台灣人的喜愛與歡迎。「江戶前」所欲展現的不只是壽司的技藝而已，還要能夠賓主盡歡，我想不管是哪裡來的客人，都能在這裡滿意地吃完一餐。

品味店家

・銀座 久兵衛

地址：東京都中央區銀座 8-7-6

電話：033-571-6523

網址：http://www.kyubey.jp/

休日：星期日、國定假日

・數寄屋橋 次郎

地址：東京都中央區銀座 4-2-15 塚本ビルＢ１Ｆ

電話：033-535-3600

網址：http://www.sushi-jiro.jp/

・㐂壽司

地址：東京都中央區日本橋人形町 2-7-13

電話：033-666-168

休日：星期日、國定假日

・辨天山美家古壽司

地址：東京都台東區淺草 2-1-16

電話：033-844-0034

網址：http://www.bentenyama-miyakosushi.com/ja/

・都壽司

地址：東京都台東區鳥越 1-9-2

電話：035-822-7777

完全預約制

・吉野鮨本店

地址：東京都中央區日本橋 3-8-11 政吉ビル 1F

電話：033-274-3001

休日：星期六

蕎麥麵與庶民生活

「充滿江户味」的蕎麥麵雖然不是江户人的發明，卻在江户得到全國的知名度，成為當時「江户四大食」之一。

東京人在過年前一天有吃蕎麥麵的習俗，又稱吃「年越麵」，因其細長的麵條象徵了延年益壽。從江戶時代到現在，蕎麥麵一直是東京人的重要食物之一，背後隱藏了一段饑饉與庶民的歷史。

蕎麥在日本歷史中出現得很早，甚至比稻米的傳播還早，可以說是貫穿日本歷史的食物。繩紋晚期出土的陶器中就發現了蕎麥，證明三千年前蕎麥就已經在日本生根。然而，蕎麥不是本有的穀物，它產於高緯度和高寒的東亞北部貧瘠土地，所以傳入日本的蕎麥主要種植在關東和東北較為寒冷的地方，做為稻米的替代物。

古代在信州、新潟、山梨這些關東的山區，冬日的雪勢相當大，生活不易，因此農民種植蕎麥度過苦日子。當時較為富裕的日本人，還不想把女兒嫁給吃蕎麥的人家，深怕出嫁的女兒吃苦。

蕎麥與饑荒、僧人、忍者

蕎麥一開始不是做成麵，因為當時還沒有製粉和製麵的技術，只單單將蕎麥煮熟食用。鎌倉時代，中國製粉技術由寺院傳入日本後，才開始製造蕎麥粉，但一般農民無法取得製粉技術，還是只能將蕎麥煮熟了之後，混著糙米飯一起食用，增加飽足感，稱為「粒食」，或是做成餅狀，稱為「餅食」。

蕎麥的成長速度快。天正天皇養老六年（七二二年）就有文獻紀錄，建議以蕎麥做為救荒的作物；《續日本紀》中也提到：「今夏無雨苗稼不登，宜令天下國司勸課百姓，種樹晚禾蕎麥及大小麥，藏置儲積，以備年荒。」蕎麥也和苦行僧人、忍者有關。信州的戶隱在歷史上是御嶽行者和忍術的重要起源地之一。當地出產的蕎麥麵現在仍然相當有名，還維持著蕎麥麵的原形，即「蕎麥切り」。

歌川國芳〈木曾街道六十九次之內 守山達磨大師〉
味の素食の文化センター

所謂的「切り」，指的是用切的。先將蕎麥磨成粉，以燒開的水做成麵糊，揉製麵團，再用棍子不斷地壓緊麵團，弄得四四方方後用刀子切出麵條。切蕎麥麵的刀子不是一般的菜刀，而有專用的「蕎麥切り包丁」，日文的「包丁」就是菜刀，在一六九六年版的《茶之湯献立指南》從其他菜刀獨立出來，刃幅採用寬廣的片刃，最高級的是以白鮫皮刀柄製成的菜刀。

「蕎麥切り」的作法，根據尾張藩士天野信景所寫的《塩尻》考證指出：「蕎麥切り是從信濃國來的，一開始由於參拜天目山的人較多，米和麥不敷使用，所以旅社改用蕎麥製作麵團，之後學烏龍麵的方式切成麵條。」145頁的歌川國芳〈木曾街道六十九次之內 守山達磨大師〉很具體地畫出旅店中眾人吃蕎麥麵的樣子，從畫可以看到江戶時代已經有不少人出外旅行，夜晚就投宿於旅店。蕎麥麵正是此時期平價旅館提供的食物。（此畫看起來像是達磨大師在參加大胃王比賽！）

有著悠久歷史的蕎麥，與饑荒和農民有關，也一定得在貧瘠的土地上生長，才會好吃，現在東京很多蕎麥麵店門口常出現的「藪」或是「砂場」，指的就是在荒蕪土地上種植的蕎麥，似乎是一種對於饑饉的鄉愁回憶。但當時的武士和貴族其實看不起吃蕎麥的階層，因為相對於大米的潔白，蕎麥的顏色灰灰綠綠的，沒有尊貴感。這樣平價的食物，如何成為「江戶四大食」之一？得從德川家康定都江戶開始說起。

江戶的蕎麥麵

蕎麥麵雖然不是江戶人的發明，卻是在江戶得到全國的知名度，成為當時「江戶四大食」之一，不像握壽司直到江戶時代末期才成為眾所周知的食物，蕎麥麵在江戶時代初期就成為庶民的食物。

十七世紀，德川家康選定了隅田川口的小村莊做為日本的新政治中心，他不只建立象徵統治的城堡、護城河，也考慮到食物的問題，本來主要吃河魚的日本人，因為鄰近江戶灣的地利之便，選擇了「江戶前」的魚類，包括鰻魚、鮪魚、海蝦等。動物的蛋白質有了穩定的來源，那主食怎麼辦呢？在江戶駐守的諸侯、大名、武士可以吃到農民上繳的白米飯，但是同時間進駐的工匠、漁民和農民則不一定有錢買得起白米，所以開始需要蕎麥製成的食物。

蕎麥一開始在菓子店販賣

蕎麥食品在江戶時代最早出現於寬文年間（一六六一年～一六七三年），一開始不在麵店販賣，而是在「菓子店」，被當成糕餅，和菓子一樣蒸熟後食用。先煮之後再蒸，然後放到盛有熱水的桶上吃，稱為「蒸し蕎麥」。江戶中期之後，蕎麥食品逐漸被當成一種麵，在麵店販賣，顧客可以選擇烏龍麵、素麵或是蕎麥製成的麵。當時把百分之百使用蕎麥的稱為生蕎麥（生そば），而最流行的則是「二八蕎麥」，指小麥粉和蕎麥粉的比例為二比八，價格相當便宜。

雖然蕎麥可以做成麵條，但是黏性不夠，無法像烏龍麵或是小麥的麵條那麼具有韌性。後來發現可以將小麥粉做為蕎麥的黏著劑，成了廣為流傳的「茹で蕎麥」，據說這是由朝鮮到日本的僧人元珍所創。這樣一來，使江戶人吃蕎麥麵的飲食習慣更普及了，而吃法也如現在的「盛放蕎麥」（盛りそば），將煮好的蕎麥麵冷卻之後放在篩子上。

在十八世紀中葉之後，蕎麥麵也有了湯麵的吃法，並且和當時各種流行的食物結合，例如雞蛋、鰻魚或是天婦羅。到了十九世紀中葉，江戶有超過七百家以上專賣蕎麥麵的麵館，如果把屋台或是其他綜合麵館算進去，據學者推測，可能有超過四千處販賣蕎麥的場所。提到路邊攤形式，也得說說「立食」。江戶時代就出現了很多「立食」的蕎麥麵店。既然是站著吃，代表在趕時間，就得吃快一點，吃法當然不會太秀氣。所以為什麼日本人吃麵會發出聲音，其中一種說法就是因為這樣吃麵的速度比較快。

蕎麥麵比起「江戶四大食」的鰻魚飯、握壽司和天婦羅的製作速度更快、更速食，這些飲食習慣都延續到現在。連車站的月台上都可以看到蕎麥麵店，人們在等車的間隙，站著簌簌地幾口就把麵吞下去了。

搭配濃口醬油，加入雞蛋和肉類

說到蕎麥麵在江戶的流行不能不提到濃口醬油。由於消費蕎麥麵的族群一般都是勞動階層，需要大量的體力勞動，也會流很多汗，以往無法吃到的醬油廉價化以後，就流行將蕎麥麵配上以濃口醬油、味醂和砂糖所調成的醬汁，以補充鹽分和糖分。

日本人在江戶末期開始吃鴨肉，當時覺得吃肉是蠻人的習俗，所以《守貞漫稿》中有名為「親子南蠻蕎麥」的食譜，作法是把溫熱的蕎麥麵加上生雞蛋、鴨肉。本來是蠻人的吃肉習俗，明治維新之後成了「開化」的象徵，推出加入肉類的「開化蕎麥麵」，例如幕末時期創業的「蓮玉庵」就有「牛開化蕎麥」。

蕎麥成為健康食物

第二次世界大戰後，日本人幾乎都吃得起大米，當大家逐漸富裕之後，吃得太多、太油，蕎麥麵開始被視為健康食品。蕎麥有白米不具備的營養素，包含粗蛋白、粗脂肪、醣類、膳食纖維、維生素B_1、維生素B_2、維生素B_6、維生素B_{12}、維生素C、維生素E、菸鹼酸、鈉、鉀、鈣、鎂等。

按照營養學家的說法，蕎麥可以去除高血脂、高血糖和高血壓等問題。本來是窮人吃的蕎麥，在新時代被打造成健康、營養、鄉土且具有日本風味的食物，堪稱是飲食傳統的「再發現」。

日本人在一九八〇年成立「國際蕎麥研究者學會」（International Buckwheat Research Association），三年召開一次會議，討論議題包含糧食危機、蕎麥的育種、栽培和國際合作等。

海藻蕎麥麵

新潟、信州是蕎麥麵的重要產地，我造訪過新潟十日町的蕎麥麵名店「小嶋屋」，本店就在滿是綠意的鄉間，最有名的是海藻蕎麥麵。

為什麼蕎麥麵要加海藻？因為透過蕎麥果實加工的蕎麥麵，本身缺乏黏性，所以蕎麥麵都需添加具黏性的蛋、山藥，而地處山海交界的新潟則取材當地的海藻做為添加物，使麵除了具備蕎麥本身的香氣，還散發出海藻的味道，符合日本人所說的「海の幸、山の幸」，喜好採用山海天然的物產。

蕎麥麵現在是健康食品的代表

而東京現在的蕎麥麵作法主要源自信州，信州的手打蕎麥在東京是行家的首選。由機器製麵的麵條，規格統一，但手打蕎麥麵則根根粗細不同。我曾經在信州旅行時，住在南阿爾卑斯山山腳松本的杉本旅館，有幸欣賞手打蕎麥麵的表演。旅館主人花岡貞夫同時也是蕎麥麵師傅，每天製麵限定十份。在將近一個小時的表演中，那股天然蕎麥散發出的幽香，我至今無法忘懷。

在東京的蕎麥麵店，除了強調是信州等地來的手打蕎麥麵，也強調自己的「江戶味」。從江戶時代創業至今的「砂場」、「更科」和「藪」，有「御三家」的稱號，在東京不同地方開枝散葉。例如元祖炸蝦蒸籠蕎麥麵的「室町砂場」；一七八九年，信州布商所開的「信州更科蕎麥麵店布屋太兵衛」；位於麻布十番的「總本家更科掘井」，特色在於玄蕎麥所製的灰白色蕎麥麵，目前已經是第八代了。上野淺草附近的「藪蕎麥麵」更值得一提，它傳承自江戶末期的「蔦屋」，用研磨多次的蕎麥製成，口感紮實，搭配較辣的醬汁。「池之端」與「並木」都是藪蕎麥麵老店，有不少文學家曾經造訪。

而你，喜歡哪一種蕎麥麵呢？健康且營養豐富的蕎麥麵，由貧瘠的土地所孕育，是代表庶民的食物，也是江戶時代留下的飲食文化，當你拿起筷子的那一刻，不僅享用了美食，也見證了歷史與文化。

品味店家

·小嶋屋

地址：新潟縣十日町市中屋敷 758-1

電話：025-768-3311

網址：http://www.kojimaya.co.jp/

·蓮玉庵

地址：東京都台東區上野 2-8-7

電話：033-835-1594

休日：星期一

・池之端　藪蕎麥

地址：東京都文京區湯島 3-44-7

電話：033-831-8977

網址：http://www.yabu-soba.com/

休日：星期三

・巴町砂場

地址：東京都港區虎之門 3-11-15 SVAXTT 1F

電話：033-431-1220

休日：星期六、日

・並木藪蕎麥

地址：東京都台東區雷門 2-11-9

電話：033-841-1340

休日：星期四

．布恒更科

地址：東京都品川區南大井 3-18-3

電話：033-761-7373

網址：http://www1.cts.ne.jp/~masu/shinagawasoba/nunotsune.html

休日：星期日

天婦羅的鮮味與甘甜

天婦羅油炸的真諦在於提升食物的鮮味和甘甜，而這也是天婦羅的特色。

資訊傳播快速的時代，飲食文化在各地產生變化，不只麥當勞成為全球化的象徵和飲食，泰國菜、義大利披薩和中式餐飲也在世界各國流行。為了順應不同國家的口味，外國食物進入當地市場後會開始與當地飲食產生調和，所以飲食文化可以說是全球化下的「在地行動者」。

飲食文化的交流不只發生在現代，五百多年前的大航海時代，葡萄牙人就為日本帶來不少的西方食物，研究發現，新的農作物，例如玉米、馬鈴薯、南瓜、辣椒和番茄都在此一時期傳入日本，當然也包括新式的食物，例如麵包、餅乾、蜂蜜蛋糕、天麩羅等。

日語「天ぷら」，漢字寫成「天麩羅」，相傳是山東京傳[4]所取的名字，「天」乃「天竺」，有外來食物的意思；「麩」是裹上小麥粉的麵衣；「羅」則有薄薄一層的意思，中文翻譯成天婦羅，是江戶時代的四大食之一，一般庶民都享用得起，在路邊攤就吃得到。從天婦羅的歷史可以看到上千年的文化交流，以及日本人如何轉化中國、葡萄牙所傳入的飲食文化。而要討論天婦羅的飲食傳統，不能不從德川家康的死開始說起。

德川家康死於天婦羅？

終結日本戰國時代的德川家康，決定遷都東京，建立其幕府體制，但是英雄不怕戰死沙場、馬革裹屍，就怕吃壞肚子，謠傳他是吃天婦羅死的。

根據家康寵幸的「黑衣國師」崇傳所寫《本光國師日記》，記載退隱的家康與側近（親近的臣下）和隨侍到田中村獵鷹，發病之後回到駿府，沒有提到家康吃了什麼；但是《元和年錄》中卻記載家康在駿府郊外吃了胡麻油炸鯛魚，不久之後即發病。學者認為家康患有胃癌，消化與吸收能力本來就不好，在這種情況下去野外狩鷹，還吃油炸的食物，才讓病情加劇。

但當時的炸物尚未使用小麥粉做為麵衣，所以嚴格來說，天婦羅在江戶時代初期尚未出現，它究竟從何而來？

葡萄牙還是中國？

有飲食史家走訪葡萄牙海邊的城鎮，發現一種食物「fritter」，將魚類裹上麵衣油炸，在當地餐廳和路邊小販都可以看到。再加上大航海時代的葡萄牙人，因為缺乏冷凍的保存方式，通常都會把肉醃好，或者將魚炸過之後加以保存。綜合以上原因，研究者認為天婦羅可能從葡萄牙傳來。

但是，將魚類或是蔬菜裹上麵衣油炸，這樣的手法在很多國家的料理中都可以看到，例如英國的 fish and chips、台灣的「蚵嗲」，泰國也有將蔬菜裹上麵衣油炸的食物。認為天婦羅從葡萄牙傳來的說法，也沒有辦法解釋日本人為什麼會接受這樣的食物。（案：同時期，辣椒也隨著葡萄牙人、西班牙人傳入日本，但是日本人無法接受味道太過強烈的食物，將之傳入朝鮮，卻成為韓國料理辣味的來源。）

我們再從天婦羅的作法來看其起源好了：

- 小麥粉包裹
- 以芝麻油或是花生油油炸
- 以蔬菜和魚類為主

以上三點，前兩者不是日本原有的料理模式，所以小麥粉包裹餡料再加以油炸的方式從何而來呢？《近世飲食雜考》的作者平田萬里遠，在書中針對天婦羅寫了幾篇相關的文章，指出日本人與小麥粉、油炸調理的邂逅，與中國有關。

中式料理方式的核心煎、煮、炒、炸，無一不需要油。然而，日本料理的核心是「水」，因為重視食材的鮮度，所以用水煮、水泡就可以食用，以往並不使用提煉出來的「油」加入料理。

榨油的方式是平安時代從中國東傳而來。當時技術控制在幾個商人手上，所以「油」主要在貴族的料理中使用，例如油炸的唐菓子，或是以芝麻油炊煮的飯，以上都不是一般民眾吃得到的東西。而從文化發展來看，平民通常想吃到貴族們的食物，江戶時代以後，由於技術革新，使得庶民開始得以品嘗油炸的食品。

油炸料理方式的普及

當時平民階層的主食是蕎麥麵；從江戶灣捕撈的新鮮漁獲分別做成握壽司和鰻魚飯，補充江戶人所需的蛋白質；天婦羅則著重在油類的攝取。由於江戶容易獲得新鮮的魚類，所以將魚放進油鍋裡炸就成為庶民同時獲取肉類蛋白質和油炸食物的選擇。除此之外，要成為庶民都能享用的美食，還必須有充足且廉價的油源。

本來以芝麻油炸天婦羅的日本人，由於榨芝麻油的成本較高，江戶時代發展出便宜的菜籽油。（案：現在關東地區賞櫻時節，與粉色的櫻花搭配的黃澄澄油菜，一開始竟是為了取得炸油的菜籽而種植的。）取得了廉價的油源後，接下來就是炸物過程如何控制溫度的問題。製作天婦羅，油的溫度要達到一百七十度至一百八十度左右，才能在短時間高溫油炸。一開始以路邊攤形式販賣的天婦羅，要將油鍋加熱是十分危險的，因此在主要為木造建築的江戶時代，常常發生火災意外。

還好在十七世紀末期和十八世紀初期，發明了帶著送風機的火爐，使溫度控制可以相當準確。除此之外，對江戶地區而言，想把川口和佐野地區製作的火爐運到市中心，可以利用利根川和渡良瀨川，將運輸成本減到最低。

在江戶時代，蔬菜的炸物統稱為「炸物」（agemono），只有油炸的魚類才叫「天婦羅」。前文提到德川家康之死與吃了胡麻油炸鯛魚有關，油炸魚類的料理方式是從京都傳來的，向關東傳播，也使兩地目前炸天婦羅的方式有所差異：關西將魚製成魚漿之後再炸，而關東則是用整條魚裹上小麥粉後炸；關西是慢火炸，關東則是快火炸。炸物一定要趁熱吃，所以路邊攤販賣的天婦羅是以竹籤串著、邊走邊吃的食物，價錢和握壽司的一貫相當。

從月岡芳年的浮世繪〈風俗 三十二相むまさう嘉永年間女郎之風俗〉可以看到以竹籤吃天婦羅的樣子。這一時期已經到了十九世紀末期，天婦羅已經有了店家，而且江戶的女性人數比起德川家康建城時已經多了不少。

月岡芳年〈風俗 三十二相 むまさう嘉永年間女郎之風俗〉，用竹籤插起天婦羅的吃法
味の素食の文化センター

加入天汁，保存鮮度

前文提到日本人的油炸料理方式，與從中國引進榨油技術有關。但看看現在台灣的炸物，雞排、鹽酥雞等常給人油膩、厚重、不清爽的感覺，也掩蓋了食材本身的味道。但是天婦羅的油炸則恰恰相反，不管是天婦羅所使用的魚類或是蔬菜，油炸都是提升食材鮮味的方式。

天婦羅油炸的真諦就在於提升食物的「鮮味」和「甘甜」，而這也是江戶料理最重要的關鍵——生氣蓬勃。採用最新鮮的魚、蝦、烏賊、貝類，以深油鍋快速地將麵衣炸得酥脆，咬下去發出「咖滋」的聲音。熟悉日本文化的法國哲學家羅蘭·巴特以十分精鍊的語言描述天婦羅：

> 有人說天婦羅源自基督宗教（葡萄牙）：它是四旬期的食物，經過日本人之手，利用刪改及卸除意義的技巧精煉而成，是另一個時空的食品：它不是禁食與贖罪的禮儀……天婦羅在你眼前現做，酥脆、輕巧、晶瑩剔透、新鮮。

而天婦羅轉變為日式料理還有一個重要關鍵：天汁。

江戶時代日本料理最重要的發展就是醬油的使用，關東使用的濃口醬油運用到料理的每個環節之中，蕎麥麵要沾醬油所調配的醬汁、握壽司也會抹上醬油、鰻魚飯刷上醬油後放在炭火上燒烤，天婦羅也不例外，天婦羅的沾醬稱為「天汁」，以醬油、柴魚和味醂加以調製。

天婦羅的人間國寶：早乙女哲哉

天婦羅的廚藝大師、號稱「人間國寶」的早乙女哲哉深諳油炸的藝術，我在春日的賞櫻時節造訪東京，也前往這位國寶級大師所開的「三河天婦羅」用餐。據說八十多歲的壽司之神小野二郎每個月都會來早乙女哲哉的店裡，他不覺得天婦羅是油膩的食物，反而覺得是展現食物特色的最佳方法之一。天婦羅的手藝在東京，一代一代的料理人都維持江戶的傳統，不曾因為明治維新的關係而中斷，也漸漸從平民的食物轉變成高級料理亭的技藝，成為日本料理的代表食物。

早乙女哲哉專注地炸天婦羅

相較於握壽司和鰻魚飯，天婦羅除了強調食材的新鮮，還多了一份精確感，早乙女哲哉說：「光說麵粉好了，不管是麵粉的型態、所含的水量，以及溶解後經過的時間長短、氣溫、使用的頻率等，都會導致它產生急劇的變化。」油炸料理需要掌握下鍋的時間與油溫，還有色澤的變化，那不是靠感覺就可以處理的，而需要相應的知識。

天婦羅最常使用的魚類食材，包含活車蝦、雲丹、穴子（糯鰻）、鰕虎。最好的天婦羅會使用活的車蝦，活跳跳的蝦子在眼前卸頭剝殼後，身體、頭部和尾巴都以不同的方式油炸。蝦身只能短暫的炸一下，炸好之後溫度剛好，不會燙口，仍然具備甘甜的鮮味。

而「雲丹」是以青紫蘇包著海膽，些微地沾上麵衣再下鍋油炸，放進油鍋時一定要小心，以免海膽掉進油鍋之中。炸好的雲丹，紫蘇還呈現鮮綠色，而且其中的海膽外熱內冷，入口後，滿滿的鮮味就在唇齒間散發出來。

天婦羅使用的鰻魚（穴子）不是一般的鰻魚，而是糯鰻，這種鰻魚是最適合油炸的鰻魚。如果是晚餐所用的糯鰻，多半使用當天早上捕獲的鮮魚，原因在於鮮度降低的糯鰻無法沾上麵衣。而且，附有魚皮的一面和僅有魚肉的一面，油炸的時間也不相同。當早乙女哲哉將新鮮的糯鰻夾到我面前時，用長筷一夾，清脆的聲音，糯鰻分成兩半，流出鮮美且具香氣的汁液。

除了魚類以外，炸蔬菜也是天婦羅的重點，不論茄子、蘆筍、香菇、青椒，都透過油炸鎖住水分，使蔬菜保留其鮮嫩的味道。

在「三河天婦羅」用餐，看早乙女哲哉親自下廚，我不僅吃到美味的食物，也欣賞了大師展現的精湛技巧。他從容不迫、不疾不徐，精確地抓住入鍋和起鍋的時間，盤子中永遠只有一樣食物，都在最適合入口的時間送上來。

透過天婦羅的歷史可以看到長達五百年的文化交流，其中有中國東傳的油炸方式，也有大航海時代葡萄牙人的影子在其中。然而，日本以自己獨特的味覺方式，讓天婦羅變成了甘甜且新鮮的油炸料理，成為和食的一部分。

品味店家

・三河 是山居

地址：東京都江東區福住 1-3-1

電話：033-643-8383

網址：http://mikawa-zezankyo.jimdo.com/

・近藤

地址：東京都中央區銀座 5-5-13 坂口ビル 9F

電話：035-568-0923

休日：星期日

・土手 伊勢屋

地址：東京都台東區日本堤 1-9-2

電話：033-872-4886

網址：http://doteno-iseya.com/
休日：星期三

・中清
地址：東京都台東區淺草 1-39-13
電話：033-8414015
網址：http://www.nakasei.biz/
休日：星期六、日、國定假日

4 山東京傳，生於一七六一年，卒於一八一六年，江戶時代後期的浮世繪畫師、劇作家，代表性作品為一八〇五所寫成的《櫻姬全傳曙草子》，改編自佛教淨土宗的說教故事。

第三章——味覺的原點

日本料理決勝負的關鍵：神聖的米

對食物的珍惜、對食材的尊重、對土地的敬仰、對自然的愛護，愛物惜物、珍視自己吃下的東西、珍視自然與身體的對話，這就是味覺的原點。

美味的原點不在餐廳，而在土地；料理的文化不只在餐桌，而是在飲食的傳統。追尋日本料理的傳統，得從稻米、神話和宗教當中理解。對於日本人而言，這個原點是神聖的，而且必須帶著虔誠的心去追尋。

在日本料理中，米飯既是美味的起點，也是決定一頓飯完美與否的句點，好吃的米是具有香氣的。大廚小山裕久[5]說：「白飯凝聚了日本料理的技術和精神。」

而說到白飯，就必須先提到品茗茶會。因為空腹喝茶傷胃，茶會前通常會送上白飯、湯類和向附（生魚片）。你可以想像在品茶的狹小空間，約莫兩坪大的範圍裡，聞到炭火烹煮的白米飯香氣，飄散在空氣之中。

為了使吃進嘴裡的白飯溫度與口感配合得當，必須計算端上白飯的時間，也要考慮氣味和溫度控制，務必精準。白米飯成為品茗成功與否的關鍵，而茶道所發展出來的精進料理與懷石料理，也成為日本料理至為關鍵的一環，所以我們可以說「米飯是料理之始」。

白米飯也是日本料理的壓軸。因為在懷石料理中，菜一道一道地上，最後上的就是白米飯、醬菜和味噌湯。大家一定會問，一頓飯的最後送上白米飯，不會吃不下嗎？我想真正懂日本料理的人一定會給你如料理大師北大路魯山人的答案：「不會，因為美味食物的極致，便是米了！」

你想過嗎？米飯居然是日本料理決勝負的關鍵！

靈魂與稻米的對話

到底什麼樣的米算是好吃的米呢？

控制好白米的氣味和溫度

有些人從米粒的外觀、透明度、黏度、形狀加以判別，但是單從外觀還是無法瞭解米好不好吃。畢竟感官帶點主觀的成分，所以日本人為了讓主觀的感官客觀化，透過評鑑制度，嚴選外觀美又好吃的米。

「日本穀物檢定協會」從一九七一年開始在全國各地評鑑，每年發行一本《稻米的食味等級》。二十多個品評員，男女各半，每天試食一次，一次食用四個樣品，評鑑全國各地的稻米，他們的工作就是「吃飯」，有如紅酒的品評員一般。

越後，也就是現在新潟縣所產的「越光米」，一向被認為是日本最好的米。越光米並不好種，施肥太多，會導致稻穗太重，稻稈下垂；施肥不夠，稻穗又不飽滿；加上越光米所在的新潟，位於日本本州中部的日本海岸，冬天氣候寒冷，稻米的成長季節相當短，從播種、插秧到收成，時間要掌握得恰到好處。因此，只要氣候稍有變化，收成就會不足，導致越光米曾經比貨幣還珍貴。近年來由於政府提倡，除了越光米之外，北海道的夢美人米（ゆめぴりか）和九州的元気つくし，也獲得特A的評鑑。

日本人對於米的堅持，具有深刻的文化意涵。紀錄片導演小川紳介透過在農村蹲點的過程，發現平時走路不穩、佝僂的老爺爺，插秧時竟然有蜻蜓停留在他的腰上，可見插秧的腰一定得穩如泰山，如果腰不穩，根本無法插好。

小川紳介發現自己根本不懂農業，所以決定走入農村，而且是日本最貧瘠的山形縣（阿信的故鄉），以十三年的時間記錄農村生活，拍攝出《牧野村千年物語》。這部片的主旨既非控訴現代化種植作物造成的農村貧瘠現象，也不單純只是記錄農村四季與農民的生活，而是帶觀眾瞭解農民、農作物、自然與宗教、文化間的關係。

電影鏡頭常以微觀的方式凝視著稻子，搭配著農民雙腳在田中插秧的聲音，有時敘事拉回遠古的傳說、記憶，或穿梭於當地的神像、祠廟，小川紳介想告訴大家——土地與人的連結不只在餵飽肚皮，還包含著神與人的關係，是靈魂與稻米的對話。

對米的虔敬

不僅農民對於米有宗教式的虔敬，第二次世界大戰以後，長期執政的自民黨也對農民和稻米政策有著異常執著。自民黨執政的基石之一就是農民，從二〇年代發展出的「日本農業協同組合」，從產地到銷售一把抓，還具有銀行的性質。農協銀行的存款堪稱日本的三大銀行之一，在戰後長期支持自民黨。

世界各地都有農業補助政策，自民黨政權對於農民的補助不是直接發放津貼，而是提高國內農產品的價格，並限制外國米進口，使戰後日本農民的收入比工人更充裕。

為什麼從農民到政客都對稻米有如此「不合理」的做法呢？直接引進便宜的美國米不是比較符合經濟利益嗎？何必花大量的稅金補貼農民呢？人類學家大貫惠美子在《米食與自我》（*Rice as Self: Japanese Identities Through Times*），研究日本人透過米食建構起民族與國家的形象，書中提及從國家政策到米食評鑑，背後隱含著文化和宗教的力量，還有對於米食的景仰。這種宗教與文化的情感不是單靠成本和經濟理性能計算的。

天照大神與邇邇藝命

六千年前新石器時代的「河姆渡文化」已經有稻米，在今日浙江餘杭附近的考古中得到證實。而日本的稻米不是原生的植物，是由中國東傳，並在日本的彌生時代開始種植，起初種植在較低緯度的九州地區，後來逐漸傳播到本州全境。

高緯度的日本，不是所有土地都適合種植稻米，特別是北陸、東北等地，過於寒冷使得稻米不易生長。有些地方一年只能收成一次，如果只仰賴稻米收成，無法養活所有的人；再加上蟲害或是天災，隨時可能會發生饑荒。因此，很多宗教的儀式就圍繞在稻作收成上，例如「田植祭」在春天時舉辦，祈求風調雨順、農作順利成長；秋日的「新嘗祭」則是感謝神靈一年以來對於稻穀的保護，並祈求來年豐收。於是，日本宗教、神道的基礎，便以稻米為中心。

《古事記》和《日本書紀》是日本最早的史書，其中有不少關於稻作的神話。天照大神到了「高天原」之後，辛勤地指揮眾神播種水稻的種子，並且將自己的嫡孫邇邇藝命派到人間。邇邇藝命帶著種子到了漆黑一片、毫無生氣的人間，當祂開始播種之後，人間的混沌、光明伊始，這意味著創造文明的根源就是稻米。掌管稻米生長的祕密就是天皇權力的根源，看看供奉天照大神的「神饌」，正是以水、米、鹽為主。

天照大神是何許重要的人物？日本的天皇即為天照大神的嫡孫，這與中國天子多由兒子繼承不同，而是「皇御孫命」。中國歷代的開國皇帝大部分都得靠武力、驍勇善戰而取得天下，但是日本的皇族則因為得到天照大神賜予管理食物的權力，取得統治的合法性。

本來天照大神與天皇「同床共殿」，在十一代垂仁天皇時，因為國內饑荒不斷，公主倭姬命負責尋找祭祀天照大神的新地點。最後在伊勢附近找到，蓋了伊勢神宮（位於今日三重縣），分為「內宮」和「外宮」以及周邊一百二十五間宗教性建築。

伊勢之國乃美味之國

為什麼選中這裡？伊勢平原瀕臨漁獲豐足的伊勢灣，平原上盛產稻作和野菜，或許這就是伊勢神宮被倭姬命選為國家最高宗廟的原因之一。

天照大神負責管理食物，天皇身為天照大神的後代，是掌握稻作祭祀權的祭司，因此成為人間世界的領袖，所以我們可以說「稻作文化」就是日本宗教、文化、社會和飲食傳統的原點。

5 小山裕久，一九四九年出生於四國的德島，曾於大阪名店「吉兆」習藝，後回德島開設「青柳」。他擅用瀨戶內海當地的漁獲和四國的食材，加上精湛的刀工與廚藝，因此成為國際知名的廚藝大師。

季節的溫度：野菜與旬飲食

日本人因為懷念傳統家鄉，想念母親、土地的味道，開始有了復興「京野菜」、「江戶野菜」等地方野菜的運動。採小規模且強調氣候溫度的種植法，使消費者感受得到季節感。

食育精神

前幾年，新北市的小學校長因收取營養午餐的回扣，涉及貪汙遭判刑；苗栗縣前任縣長挪用公款，導致小學生的營養午餐只剩稀飯配幾條麵筋。

什麼樣的飲食文化造就了那些人如此對待下一代？

英國名廚傑米．奧立佛（Jamie Oliver）感嘆，由於預算的關係，英國的營養午餐出現嚴重的問題，在小學生的餐點中充斥著垃圾食物，而且使用太多油、糖、鹽。他說：

「讓孩子吃這種東西的人真是混帳！」

二〇〇五年，日本公布《食育基本法》，將飲食正式納入教育的大綱之中，在智育、德育和體育之外，飲食教育成為國家未來主人翁成長過程的重點之一。飲食教育不是坐在教室當中背誦知識，而是一套瞭解飲食、自然與身體的課程，包含到農家參觀時令農作物、食物送進廚房之後的處理過程、吃完之後的回收、瞭解身體機能與代謝，還包含整體國家糧食的自給率問題。

日本營養午餐的食材主要是當季、當令的食物，以米飯為中心，每日的配菜超過十種。除此之外，為了讓學生瞭解自家附近土地生長的食物，使用在地食材也是飲食教育中很重要的一部分。

尊重時令飲食的日本人，對下一代的飲食有一套不同於其他國家的思考。他們從小重視「食育精神」，小朋友得知道食物從產地到餐桌的過程，進一步認識食物與人的關係。而最能代表時令的食物就是野菜！

京野菜

千年古都京都不只保存建築與傳統工藝，在飲食文化上也呈現獨特的一面。相較於江戶飲食採用生氣蓬勃的海鮮，京都的料理則由蔬菜、豆類和穀類來展現其樸實、優雅的底蘊。

京都長期做為日本的帝都，城市周邊的農家長期以來種植蔬菜，提供城中居民食用。京野菜的特別之處不僅在於新鮮、美味，還在於「傳統」。一九八七年，京都農業研究所定義「京都的傳統蔬菜」（京の伝統野菜）有四十七種，其中較為有名的包括聖護院蘿蔔、水菜、賀茂茄、堀川牛蒡等。所謂的「傳統」蔬菜是指明治時代以前的舊有蔬菜，而且必須是在京都附近生長的品種。

復興京野菜的運動，不只在提倡「種菜」而已，而是透過近郊的農作物，使居民思考城市與郊區的關係，進而從飲食傳統中尋找靈感，成為料理的實踐者、時令飲食的消費者。為什麼京野菜成為保存與重視的對象，而非京都的豬、牛或是肉類產品？因為很多京野菜都是當地的特殊種類，再加上京都的飲食傳統中，長期保有「排拒肉食」

的理念。

禁止肉食之詔

日本料理的關鍵在於米飯，其次則是蔬菜。蔬菜對於日本的飲食傳統有著不同的意義，原因在於其傳統中「排拒肉食」的飲食習慣。古代的日本為了確保稻作穩定生產，發布了食用肉類的禁令，禁止食用五種動物：牛、馬、犬、猴、雞，禁用的時間從四月的朔日到九月的晦日為止。

不少學者認為六七五年頒布的〈禁止肉食之詔〉是受到大乘佛教禁止殺生的影響。然而，詔令中禁止食用五種動物，卻沒有禁止長久以來食用的鹿肉和山豬肉，與佛教的殺生戒仍然有所牴觸。禁令的時間從四月到九月，剛好是農作成長的時間，不難想像，或許是因為食用家畜的肉有礙農作成長，所以才加以禁止。

旬飲食：食物最鮮美的滋味

由於禁止肉食，日本人將飲食習慣轉化成對蔬菜的興趣。最早的農書《清良記》就載明一年十二個月可以食用到的蔬菜。每個月、每個季節都有適合的作物，不同的溫度、溼度與土壤，決定蔬菜的成長狀況與鮮甜程度。

在最適當的時機採摘並且食用，就是所謂的「旬」飲食。

在冷藏技術發明以前，食材選用與當地物產、時令有著密切關係，形成日本料理很重要的特色，也使日本人對不同地方的特產感到興趣。江戶時代所留下來的《魚鳥野菜乾物時節記》記載了十二個月的蔬菜和乾物；十八世紀成書的《日本諸國名物盡》也載明了日本各地的蔬菜。我們到日本旅行時經常看到「季節限定」、「當地限定」的食物，其實多少都受到江戶時代飲食傳統的影響，相信特定的風土、節氣能夠生養出不同的「旬」之況味。

日本在第二次世界大戰後引進西方的飲食習慣，透過大規模的運輸系統、冷藏設備和

季節限定的醃菜

販售系統保存食物，使得飲食逐漸脫離土地和季節感。但是當人們走出戰爭的貧乏，漸漸開始對西方的飲食方式產生質疑，本來認為舶來品較優越的想法慢慢式微，在七〇年代之後，代之而起的是具有地方特色的本土農產品。

復興「京野菜」、「江戶野菜」等地方蔬菜的運動，強調當季食材，並且減少從產地到消費者手上的層層剝削，使得農民獲利較豐，消費者更親近土地。日本生活協同組合連合會（JCCU，簡稱「生協」）從七〇年代之後開始發展，直接向農民採購，提供消費者比一般超級市場更划算的價格，會員因此大規模成長。「生協」結合了物聯、銷售系統，並且有左派政治運動加以支持，使得地方、有機農產品成為社會運動與理想的實踐。

驚人的消費者合作社

人類學家莫恩（Darrell Gene Moen）認為日本的消費者合作社是全世界發展得最為完整的組織，有一千四百萬戶的會員，超過日本總人口的百分之四十。九〇年代以後，更有超過一千個以上的消費者團體，直接與地方有機農戶建立夥伴關係。農民與消費者產生直接聯繫，除了減少中間的剝削之外，還可以讓消費者瞭解農民的工作狀況、氣候條件與農作的情形。隨著網路時代的興起，消費者和農民之間的溝通無須透過中間人，對於產銷關係的發展更加有利。

傳統的蔬菜、「旬」飲食，雖然幾經衰微，但與今日流行的地方飲食、當令食物結合，再次成為飲食文化中的一環，使人們逐漸找回被遺忘的味覺記憶，重新熟悉土地、季節與美味的關係。

禪意的美味：精進料理

精進料理中，幾乎都是蔬菜和豆類製品，大多數只經過簡單調理，卻展現出食材本身的濃淡甘甜。我想，能嘗到每一樣菜的原味，其中的真意應該就是禪的具體況味。

宗教與飲食之間的關係相當密切，重點通常落在飲食的禁忌上，例如印度教的食材以羊肉、禽肉、魚與乳製品為主，牛肉則是禁忌；而伊斯蘭教則完全將豬肉排除在外。

飲食的禁忌從何而來？人類學家哈里斯（Marvin Harris）抱持唯物論的觀點，在其一九八五年出版的《食物與文化之謎》（*Good to Eat: Riddles of Food and Culture*）一書中，從生態、人口和經濟等理論，詮釋飲食和文化之間的關係。他的想法相當簡單，認為印度教信眾不吃牛肉、美國人不喜食用山羊肉和狗肉、法國人喜歡吃馬肉等習慣，表面上看似沒有邏輯，其實有生態和經濟上的實用性。

不少人類學家對他的看法提出質疑，但對我來說，他的理論並不吸引人；他想找出所有禁忌之後的一套邏輯、一種解釋方法，我則對於各文化的差異性、多樣性和豐富性感興趣，特別是宗教與「美味」的關係。

美味已經不是宗教禁忌的問題了，而是感官提升、是豐富的味覺體驗、是文化與人的溝通。

欲望是很多宗教所禁絕的，享受「美食」當然不是嚴格的教律能接受的。從另外一個角度看，教義對於飲食的要求，是否反而促進人對於美食的感受和品味呢？透過宗教呈現美味關係是日本料理非常重要的精神之一，特別是「精進料理」和下一篇所介紹的「懷石料理」。

什麼是精進料理？

佛教傳進日本之後，對於飲食最大的改變就是禁止食肉，以素食為主。六七五年，天武天皇詔令禁止僧侶食肉，也只能以簡單的蔬菜、醋、鹽和醬（後來發展成醬油）等調味。

平安時代中期的重要史料《枕草子》，將僧侶所吃的食物稱作「精進もの」，精進料理得名於佛教的「八正道」（脫離人生之苦的八法門）：正見、正思維、正語、正業、正命、正精進、正念、正定。精進的目的在於斷惡行、修善行、去除雜念、一心向佛。

禪寺為佛門清淨之地，無處不蘊藏著禪味，甚至連飲食都是禪機的表現。精進料理不在追求飲食的精緻，而是必須帶著修行的心去體驗食物最本真的味道。本來由中國所傳入的精進料理，經由日本僧人的改造，順應當地味覺習慣，逐漸轉化成日本料理的重要部分，現今的懷石料理也是由精進料理而來。

有人將精進料理視為日本料理的原點，因為必須遵守戒律，不食肉、不浪費，發揮食材本身的味道，也由於只食用當季的蔬菜，所以是相當注重季節感的料理。

從文獻看來，當時的人覺得僧侶的食物不只不好吃，而且很難吃、超難吃（すごくまずい）。到底多難吃呢？在《枕草子》中就有一個故事，主要說明孩子被送到寺院後，必須開始吃素，這對父母來說是非常心痛的事。本來僧侶們絕塵出世就是要斷絕一切欲望，怎麼會在食物上太過講究呢！（但是，出家人也不一定要吃很難吃的食物啊！）

精進料理主要是在鎌倉時期發展出的一套飲食規範，形塑出獨特的味覺與調理方式。這一時期的禪院茶禮與精進料理、懷石料理的形成有很大的關係。對於精進料理影響最大的人物是道元禪師，他在《赴粥飯法》中指出「吃」的重要性：「法即是食，食即是法……此食乃法喜禪悅之充足處。」

禪師的想法很簡單，即生活中的一切都是禪意的體現，因為佛法不外乎生活，日常的實踐都可以是法的展現，例如起床之後的掃除、淨身到排便，都是法的不同面向，而關乎人類營養的飲食，當然也是法的一部分。

精進料理的飲食內容到底是什麼呢？

靜崗的可睡齋精進料理

二〇一三年末，我與老婆前往日本東海道旅行，在靜岡的「可睡齋」體驗了精進料理的飲食文化。

可睡齋的名字本身就相當有趣，與德川家康有著深厚的關係。四百年前，日本戰國時代，當時的住持仙麟等膳和尚，曾在兵荒馬亂時幫助過年幼的德川家康。心懷報恩之意的德川家康後來召見住持，和尚在等待時竟然睡著了，周邊的人想要叫醒他，反而被德川家康阻止，就讓和尚在御前睡覺，並稱他為「可睡和尚」。故事的真假不得而知，但是熟悉禪宗公案的人或許可以思考其中的禪機。

可睡齋承繼禪宗曹洞宗的宗風，修行不只侷限於坐禪，還融入生活的細節，秉承道元禪師的《典座教訓》。負責寺院大小事務的典座在曹洞宗之中不只負責講課，還必須處理僧眾的齋食，但與一般廚師不同，調理時必須具備「道心」，將過程視為禪的一部分。

可睡齋的精進料理

典座

在禪林中負責齋粥與料理，雖為雜役，但因為禪林中戒浪費，一般都推舉志行高潔的僧人為之。

精進料理不只是飲食而已，還是宗教文化的一部分，在可睡齋所附上的筷子背後，寫上了食事的〈食時五觀〉（五観の偈）

1. 計功多少　量彼來處。
2. 忖己德行　全缺應供。
3. 防心離過　貪等為宗。
4. 正事良藥　為療形枯。
5. 為成道業　因受此食。

精進料理戒用奢侈的食材，當我在榻榻米上看到豆腐、蔬菜、香菇、蒟蒻等素菜，以為是淡而無味的料理，但一入口，才發現每道菜都展現出自身的風味；原本以為一口分量的菜會讓我無法吃飽，但是仔細地品嘗每樣菜之後，卻有無限的滿足感。料理中，幾乎都是蔬菜和豆類製品，大多數只經過簡單調理，卻展現出食材本身的濃淡甘甜。我想，能嘗到每一樣菜的原味，其中的真意應該就是禪的具體況味。禪味，並非無味，而是食物原初的味道，曾任教於佛教大學的藤井宗哲在《淡．究味：日本禪寺典作的精進料理》當中指出：

> 舌頭之所以能純粹、不受汙染的原因，是因為禪堂料理的一切調味都是淡味，而不是一般說的薄味，我的理解是，單單的薄味是指不夠味、少了味道。何以說是淡味呢？濃厚的調味會抹殺食材本身的原味，為了讓食材本身所擁有的味道發揮出來，只能淡味；不只是薄味而已，必須讓食材本身所擁有的味道展現出生命力。

現代素食料理中，所謂的「素雞」、「素鴨」和「素肉」等，我一直無法接受，這種可說是「擬像料理」的東西，不正代表著吃的人心裡想的還是肉嗎？這不是從素食出發，企圖展現食物原味的理念。相對的，精進料理則精粹食物中的真意，才是我心中真正的美味。於是，一有機會，我就前往京都尋覓精進料理。

京都是通往歷史的階梯

東京大學教授、同時也是京都車站的建築師原廣司說：「京都是通往歷史的階梯。」這句話相當準確，京都有上千年的歷史積累，層層疊疊，每一層階梯都是不同時代的故事，現在的京都有千年的古剎，也有快速便捷的地鐵。本來象徵現代化的路面電車，經過時代的淘洗，看起來也有點古意。京都路面上的電車只剩下京福電器鐵道，一般稱為嵐電，分為北野線和嵐山線兩條。嵐山線的起點位於四条大宮，車站面對著四条通，離開四条大宮站之後，電車在民宅縫隙之中穿過，出了三条口後就在一般的馬路上行駛。

京都的妙心寺精進料理

嵐電的北野線途經仁和寺與妙心寺，妙心寺就是我與老婆這次品嘗精進料理的地方，本為花園天皇的離宮所改建，為臨濟宗妙心寺派的大本寺，占地達四十三公頃，從南門

妙心寺

到北門，七堂伽藍（山門、佛殿、法堂、方丈、齋房、浴室、東司），規制相當完整，院內大小庭園四十餘座，建造時間都不同，所以景觀各異，有不同時代的藝術風格。

妙心寺建於十四世紀，是日本目前最大的禪院，在日本及世界各地，擁有高達三千四百處寺院，在籍僧人超過七千人。妙心寺的教團龐大，組織完善，在京都禪寺的七堂伽藍中，建築最為完整、莊嚴，這一切都依賴精打細算的管理。這裡有四十六座塔頭，最早的幾座落成超過六百年以上，不少在應仁之亂（一四六七年～一四七七年）燒毀後重建。退藏院是其中歷史較為悠久的，是第三代住持無因宗因禪師所立，院內除了本堂之外還有知名的枯山水庭園，由室町時期知名的畫師狩野元信所設計。

塔頭

指高僧圓寂後，弟子在其墓周圍所建的小寺院，由於時間久了，愈蓋愈多。（妙心寺之中就有四十六座小寺）

退藏院平日不開放，只在春櫻、秋楓時才允許一般人進入，讓人一睹禪院中的山水、庭園，並搭配體驗精進料理。我預約了中午的精進料理，前一天寺方將門票寄到下榻的飯店，為春季附餐的特別參觀券，時間從十一點半到下午一點，並於庭園之中享用抹茶。

當我們走進木造的退藏院，看見陽光灑落於庭園，日式的木製餐盒已經擺放於一個個餐檯上，眾人安靜且守秩序地走進自己的席位。打開飯盒，每樣菜都小巧精緻，入口後韻味無窮，胡麻豆腐、蒟蒻、白蘿蔔、竹筍、天婦羅、海苔、味噌與白飯，這些我所熟悉的菜色，都以素雅的味道展現出自身的獨特風味。飯盒中的粉色櫻麩和櫻餅為春季的禪院中增添一抹緋紅色彩。這時節的禪院即使開放，也只接受少數客人預約，以免擾亂清靜素雅的氣氛。

沒有喧嘩的觀光客，午餐過後，在庭園之中享用僧人煮的抹茶，四周是粉色的櫻花、翠綠的蒼松、青苔，這才是一餐飯該有的況味吧！

寺院的精進料理

·秋葉總本殿可睡齋

地址：靜岡縣袋井市久能 2915-1

電話：053-842-2121

網址：http://www.kasuisai.or.jp/

·妙心寺退藏院

地址：京都市右京區花園妙心寺町 35

電話：075-463-2855

網址：http://www.taizoin.com/

·高尾山藥王院

地址：東京都八王子市高尾町 2177

電話：042-661-1115

網址：http://www.takaosan.or.jp/shojin/

．醍醐寺 雨月茶屋

地址：京都市伏見區醍醐東大路町 35-1

電話：075-571-1321

網址：http://www.daigo-ugetsu.jp/

四季的追尋：懷石料理

懷石料理源自禪宗的「一期一會」，因為珍惜會面的緣分，故別出心裁地表現料理的特長，例如季節感、地方特色、食物在盤中的色彩、上菜時機等。

二〇一三年，對於日本人而言是值得慶賀的一年，富士山被列為聯合國教科文組織中的「世界文化有形遺產」，而「和食」則被列為「非物質」的文化遺產。非物質當然不是說和食是形而上、看不見的東西，而是指其存在於日常生活之中，隨手可得。

聯合國教科文組織的網頁說明將和食列為「世界非物質文化遺產」的兩項原因：新鮮多樣的食材與尊重原汁原味、表現自然之美與四季變化，這具體地說出懷石料理的重要特色。懷石料理不只在餐廳中吃得到，它的精神具體展現在各地具有「日本情緒」的百年之宿、京都的和菓子店等，是呈現季節感與地方精髓的飲食文化。

日本情緒

所謂的「日本情緒」是「日本之宿守護協會」（日本の宿を守る会）所支持的信念。一批旅館和飲食文化同業感受到為了應付激增的旅遊人數，漸漸喪失了提供旅客身心休息和固守飲食文化傳統的本意。協會秉持的想法是：在硬體部分，要求旅館房間和館內建築要以傳統日式建築構成；軟體部分則要求經營者同情與理解日本情緒，並且在料理和接待的品質上做到盡善盡美，使旅客除了旅行之外，還能吃進文化、住進文化、體驗文化。

日本之宿守護協會網站：http://www.nihonnoyado.jp/

什麼是懷石料理？

從歷史的發展而言，日本上層階級料理可以分為四種：官家（貴族）食用的大饗料理、武士食用的本膳料理、在寺院品嘗的精進料理、茶會提供的懷石料理。

「大饗料理」和「本膳料理」都帶有儀式的作用，從室町時代開始就產生不同的流派，按照階級與職官差異，每個人能享受到的料理數量不同——最高級的客人可以享受二十一道菜的款待，不同位階之人就等而下之，然後一邊品嘗，一邊欣賞能劇表演。

源於佛教的「精進料理」和「懷石料理」，從修行人在寺院的粗茶淡飯轉變成精緻料理。其中，上篇的主題「精進料理」以豆腐、醃菜、香菇等搭配醬油或味噌，味道清淡、素雅，卻不會讓人食不知味。以下介紹「懷石料理」。

懷石與和菓子

「懷石」一詞本來與料理或茶並沒有關係，「懷」乃胸懷之意，「懷石」是將溫熱的石頭藏於衣服之中。是日本禪宗的修行方式之一，主要為了防止饑餓。之後漸漸搭配甜食和菓子一起享用，但仍具有修行的意味。所以，在瞭解懷石料理之前，先來談談和菓子。

若想探訪懷石與和菓子的關係，還有體現在和菓子上的季節感，最好的地點就是京都御所附近的「虎屋菓寮」。這間店創立於室町時代後期，後陽成天皇時，成為皇室御用的菓子。從第一代的主人黑川丹仲到現在的黑川光朝已經十七代。京都在幕府時代是天皇的居所，歷經幕末的革新與西化，天皇遷都東京，但虎屋沒有在時代的洪流中敗下陣來，相反地，從京都到東京、從東京到巴黎、從皇室到平民，它轉型成為日本和菓子傳統的最佳代表。

虎屋能夠面對時代變化的最重要關鍵在於：將傳統的懷石與菓子文化轉變成日本精緻生活傳統的當代展現，而且不斷地創新，以現代手法包裝品牌形象。它的創新並不是革新，是思考日式甜點對於現代日本人的意義，找尋品牌的核心價值，再從價值的原點加以變化。

黑川社長想提供一個場所、一個空間或是一個氛圍，讓顧客能在虎屋的產品、菓寮中體會到日本四季的風情和自然的況味。在虎屋茶寮創造的環境中，菓子、抹茶、庭園呼應季節的變化，成為凝聚日本之美的呈現。

由建築大師、東京大學建築系教授內藤廣操刀，不只為虎屋蓋了一間讓顧客可以買與坐下來品嘗和菓子的空間，還有他們所信仰的稻荷神社，都被列入建築的整體考量。這裡也是虎屋的總部、倉庫、製菓廠，從一條通旁的販賣店沿著巷子走進喫茶的菓寮，稻荷神社、前庭、中庭的水庭、合院的內庭，還有製菓廠、東藏（倉庫）和幾株百年的大樹，構成迷宮般的空間。這是京都特有的網絡，蛛巢小徑交錯著，卻總給人柳暗花明之嘆。

虎屋菓寮的傳統與現代

我與老婆在七夕時節前往京都旅行，前往洛北（京都北郊）山區的貴船神社參拜，沿路綠意盎然，雖然京都的夏季炎熱，卻備感涼意。在午後走進虎屋菓寮，看見建築的外觀保持著傳統的屋身和屋瓦，內部則以原木和鋼鐵創造出高挑又寬敞的拱型空間。最特別的是室內完全不落柱，天井上以吉野杉裝飾，每十五公分有間隙，展現出簡約的弧面，讓自然光透過天井灑下。杉木的天花板與屋瓦之間則以特殊的鋼梁支撐著，用以乘載上方瓦面及下方的上百隻杉木，整體空間既傳統，又具備現代先進的技術。

屋簷使用玻璃和鋼鐵構件，使簷下的空間長達三公尺，不管是春櫻或是秋楓時節，在室外品嘗菓子或品茗都是極為風雅的享受。室內還規劃了小型的日式庭院，並有圖書區，陳列著和菓子、茶道、花道、建築、懷石料理和日本傳統文化的書籍，使顧客在享用菓子之餘，還可以從知性的角度理解日本文化的意境。

上：虎屋菓寮

下：菓子「夏之空」

懷石料理的誕生

「懷石」料理一開始與和菓子相互搭配，除此之外，十六世紀的茶道大師千利休也提供一些餐點，免得空腹喝茶傷胃。餐點很簡單，只是一碗味噌湯和三盤小菜。日本戰國時代的武家大名們，雖然欣賞千利休的茶道，但豐臣秀吉與織田信長等戰國將軍們，每個都是喜好榮華富貴之人，故料理的食材也漸漸豐富、奢華。戰國和德川幕府時代，將軍拜訪各大名之封地，地方大名為了招待將軍，把最好的當地食材以懷石的形式呈現，連盛放食物的器具也相當講究。

懷石料理源自禪宗的「一期一會」，因為珍惜會面的緣分，故別出心裁地表現料理的特長，例如季節感、地方特色、食物在盤中的色彩、上菜時機等，使用餐除了是美食的體驗，更是令人難忘的時刻。

隨著江戶時代社會的商業化，當時只要是富有的人就可以享用以往貴族才能吃到的料理，而懷石料理的多樣性與特殊性，使它成為高級料理的代表。江戶、大阪、京都、金澤等城市都展現不同的飲食文化。

以江戶而言，財力遽增的豪商與大名在此發展出豪奢的飲食文化，幕府屢次發出戒奢令也無法阻擋這樣的風氣。這裡的懷石料理以海味為主，搭配千葉野田和銚子所產的醬油。大阪也是商人聚集的大城市，瀨戶內海豐富的新鮮海產、奈良和泉佐野的蔬菜、北前船的昆布等，豐富的食材構成大阪懷石料理的特色。至於金澤，因為位在北陸的山海交接處，臨日本海與日本的阿爾卑斯山，豐富的山海食材也使這裡的懷石料理，自成一格。

日本天皇的帝都則展現了細緻的一面，京都的「公家文化」代表優雅的飲食傳統，加上由千宗但復興的「千家流茶道樣式」，使京都的懷石料理顯得雅致而素樸。而最能代表此精神的是「菊乃井」。

> **公家文化**
>
> 「公家」指朝廷的貴族、上級官人和天皇的近侍；「公家文化」相較於由武士所發展的「武家文化」，象徵的是較為典雅且細緻的風格。

百年老鋪菊乃井的七星主廚：村田吉弘

菊乃井位於祇園邊的東山，是創業超過一百年的老鋪。它的懷石料理奠基於千利休的哲學，像是禪意的料理，「始於一酌、終於一茶」等上菜的方式，或是器皿的風格與空間的設計，菊乃井基本上都繼承千利休的茶道風格。但是做為一間餐廳，講求的還是食物的美味。我曾在一月隆冬的京都行，帶著參加儀式的心情，見識了傳統京懷石的現代詮釋。

菊乃井現在由第三代主廚村田吉弘主掌，不僅是京懷石料理的代表，在國際飲食界也成為日本懷石料理的代表。米其林美食評鑑給菊乃井京都本店三顆星的評價，京都的分店則為兩顆星，東京的分店也拿下兩顆星，故村田吉弘有「七星主廚」之稱。我們所享用的是睦月（即一月）的午間懷石料理，一開始就上了一杯冰涼微辣的清酒，這是懷石料理上菜前的禮儀——始於一酌。接下來的順序是：八寸↓先付↓向付↓蓋物↓燒物↓強肴↓米飯和味噌湯。

第一道菜「八寸」，類似前菜，採用當季魚類和蔬菜，其中的「手綱壽司」是京都傳統的箱壽司，今日的主題是鹽漬鯖魚、小川唐墨（烏魚子），以海味開胃。一旁是解膩的蔬菜和梅子，包含のし梅、蕗のとう味噌漬け和菜の花芥子和え，每一個都是一小口，卻都帶著廚師的巧思。「のし梅」由當地的梅子製造者提供，製作成梅花的五瓣；「蕗のとう」這種蔬菜以味噌調味並且撒上煮過的蛋黃；「菜の花芥子和え」則是浸泡在豆汁之中的菜花和芥子混和搭配。廚師依據不同蔬菜搭配不同醬汁，以去除某些蔬菜的味道或提味，使味覺的層次更豐富。

在八寸之後的是「先付」，在寒冷的季節裡，廚師用這道菜讓客人們暖暖身體（與平常日本料理強調的「冷」不同）。一月的先付，廚師做了帶有紅白喜氣的「赤飯蒸し」，是日本過年常吃的菜餚。廚師特別將赤飯以清酒和鹽蒸煮，再加上山葵和京都的「汲み上げ湯葉」裝飾。

先付之後的是「向付」，一般都是生魚片，菊乃井獻上的是鰤魚（青魽）和鯛魚。厚實的鰤魚切片，油花使得肉質肥美；相較於肥美的鰤魚，鯛魚則採用薄切的方式，使得口感具有彈性，甚至帶著一點脆脆的感覺。

上：百合根萬壽
下：鰤魚和鯛魚

接下來是「蓋物」，黑亮的漆器外殼，內壁為紅白花紋且鑲金，與食物相互輝映。這道稱為「百合根萬壽」的菜餚其實和「百合根饅頭」同音。饅頭中包著以手拌製的肉餡，內容有鵪鶉和豆子，並浸於人參所熬煮的高湯，外加濃郁松露的香味，使得這道菜成為隆冬的美食兼補品。

「燒物」則是「鰈唐墨粉燒き」。鰈魚就是比目魚，由於是深海魚類，取得不易，只有在日本的高級料理亭中才能吃得到，菊乃井不僅獻上了厚切鰈魚，還搭配烏魚子（烏魚子日文漢字寫成「唐墨」），味道出奇地融合，成為這次餐點的另一個高峰。

「強肴」是懷石料理主菜之外勸客人食用的菜餚，在整套餐點中帶點推波助瀾的感覺。冬日菊乃井的「強肴」是溫暖且無負擔的「京野菜鍋」，由聖護院蕪菁、鯛魚、金時人參、九條蔥和豆腐熬煮而成，食材都相當清淡，又帶著不同層次的味道，使甘甜的湯具備著不同蔬菜的精華。

最後就是米飯了，懷石料理的飯也有匠心獨具之處，今天所上的白飯以蝦子、椎茸、玉子、海苔、蘿蔔、人蔘和柚子一起炊煮而成，彼此的味道相互彰顯，使得一碗飯不只是一碗飯，而具備了色、香、味所有條件。

上了味噌湯之後，整個儀式接近尾聲，廚師在「水物」（即甜點）的表現也不馬虎。杏仁豆腐軟硬適中，甜味之中散發著杏仁的香味，搭配著草莓醬與奇異果醬，紅色綠色的醬汁在白色的豆腐上宛如太極圖形，柔和圓滿。

餐後女將不忘送上抹茶，年紀已過中年的女將，在整場用餐儀式中俐落大方、收放自如，最後上茶的時候帶著小心謹慎的神情，將茶碗轉了幾圈，恭敬地放在我的前面。我拿起有如藝術品的茶碗，希望可以將這次「始於一酌、終於一茶」的美好經驗，收入記憶的深處。我沉醉於懷石料理的精緻，心想一定要好好追尋這般充滿季節感的美味，因此計畫了四季之旅。

考慮到米其林評論的餐廳只以日本大城市為中心，其中沒有一泊二食的旅館，但日式旅館其實是當代日本飲食文化重要的體現。所以我除了追尋四季的懷石料理之外，也特別在意選的旅館是否具備「日本情緒」。

上：宮島大鳥居

下：使用當令海鮮、蔬菜、肉類的懷石料理

春日

地點：宮島

餐旅：石亭．賞櫻懷石料理

我在蜜月之旅時，到了位於瀨戶內海嚴島神社對岸的旅館「石亭」。

瀨戶內海上的嚴島神社有著面對海洋的鳥居，嚴島神社所祭拜的是古老傳說中的三位海洋女神「宗像三女人」：市杵島姬命、田心姬命、湍津姬命。想到那裡必須從廣島的宮島口搭乘渡輪前往，接近時可以看到朱紅色的大鳥居矗立於海面上。

鳥居高達十六公尺，其上的笠木為二十四公尺，由於使用天然的楠木，重量有六十公噸。大鳥居建造於一八七五年，使用的樹木樹齡在五、六百年之間，數十年到百年更換一次。鳥居沒有使用混凝土建築，平時雖然立於海面，但是退潮時仍與陸地相連。

石亭在面對宮島的高地上，沿著山的肌理設計了上千坪的庭園，卻只有十二個住宿空間，每個空間都是獨立的房子，以迴廊相互連接，而且都面對著庭園與瀨戶內海。在類似客廳的空間之中，擺滿了各式各樣的酒類，從啤酒、威士忌到清酒，提供客人在晚餐前先小酌一番。風格不同的清酒：有的柔順、有的略帶辛口、有的則具備果實的甘味，還有的具備櫻花的色澤。

女將開始擺起今夜的宴席，引起我們注意的是桌上的大盤子，上面寫著「愛の盃です、飲んでつかあさい」（這是愛之盃，請飲用），旅館為我們的新婚旅行準備大酒盤，祝福我們可以同飲一盤酒、齊走人生路。

「季節感」一直是懷石料理的核心，賞櫻得食用當令的海鮮、蔬菜、肉類。擺盤上也要與季節搭配，因此以新鮮的烏賊排成櫻花的樣子，裝飾上點綴著含苞待放的櫻花，並與器皿的顏色搭配，調和視覺與味覺。食材上講究春季滋補，以符合節令的循環與運行。除此之外，料理長還融合了西式作法，將長崎蛋糕和魚子醬融入前菜。

上菜的時間計算得精準，也注意食用時的溫度，一頓飯宛如一場表演。我們吃完之後，本以為在石亭的一晚已歸於平靜，此時女將敲了房門，告知為我們準備了蜜月禮物——一間私人空間的湯屋，並且準備好冰鎮的香檳，為我們的宿泊增添暖意。

夏日

地點：新潟

餐旅：龍言・山珍海味

穿過一個一個長長的隧道，從高原的信州到了日本海畔的新潟縣。這裡是日本知名的米鄉，位於本州中部的西北角，毗鄰日本海，在日本兩大河流信濃河和阿鶴野川之間。冬季厚厚的雪使得夏季河川的水量豐沛，寒冷也將土壤中的壞蟲除去，孕育出優質的越光米。越光米煮出來的飯粒具有閃亮光澤，口感飽和，黏度適中。由於新潟日夜溫差大，稻米生長速度相對於台灣而言較慢，卻讓稻穗飽滿。新潟的魚沼、岩船和佐渡的米最為有名，一年只收成一次，更顯珍貴。

川端康成《雪國》的開頭曾經如此描述新潟的風景：「當駛出國境長長的隧道，雪國展現在了眼前。」據說新潟的夜晚會因為大雪變得雪白。而我們在夏季八月造訪時，準備住進百年的老宿龍言。這次的旅行，我帶著父親離開的悲痛，與媽媽和老婆到日本散心，我們都希望旅行能夠療癒彼此的傷痛，希望在沒有父親的人生裡，仍然勇敢的生活下去。

當汽車靠近龍言的大門時，服務人員已經出來迎接，幫助我們泊車之後，引領我們走進挑高的玄關，並在傳統和式「圍爐裏」之中坐下，辦好了入住手續。女將不疾不徐，引領我們到房間中，多數的房間都是木造的平房，每間大小不同，可以迎接兩人入住，也可以一家人同聚，每間房間都有獨特設計，布置相當雅致，打開房間的窗戶，外面的蓮花池和庭院的風景宛如畫卷呈現眼前。

做為旅館的龍言已經經營四十年了，但是其建築則更久遠，由江戶時代新潟當地豪農的宅邸所改建。這些宅邸原本散布在新潟鄉間，龍言為了保存，將老屋遷移至此，依舊古法重建。老屋大部分屋齡超過一百年以上，有些甚至將近兩百年，不同屋宇之間以走廊連接，成為互相獨立且連結的空間。三十二個房間圍繞著四千坪庭園，包括庭園旁的小山丘，聽說偶爾會有狸貓、鹿等野生動物造訪。庭院之中種了蓮花，稀疏地散布於池中，與周圍的青苔、流水呈現出一股禪意。

飯前我們決定先泡個溫泉，洗淨一身的汗垢與疲累，胃口也逐漸打開。經過走廊時，餐廳正在準備客人們的膳食，外面的烤爐上，有竹籤串起的一隻隻鮎魚，在炭火旁圍

上：立燒鮎魚

下：龍言的懷石料理

成圓圈，這是新潟當地的「立燒」。聞著鮎魚的香味，我們期待著今晚「一期一會」的饗宴：

- 前菜：姬榮螺、山椒漬棒壽司、石川芋混和鮎魚、鬼灯玉子西京漬、京味噌漬煮胡瓜
- 椀物：越後魚沼地區蔬菜的雜煮
- 造里：日本海所產的當季生魚片搭配雪室的熟成醬油
- 燒物：鮎魚以炭火立燒的方式燒烤
- 強肴：八海山孕育的A5級和牛
- 煮物：帛乙女棒鱈揚萬頭
- 冷鉢：龍川豆腐
- 食事：南魚沼地區笠原農園產的米
- 香物：梨茄子和胡瓜的漬物
- 留椀：燒茄子
- 甜點：自家製優格慕斯、西瓜

龍言附近南魚沼地區的米是新潟最好的米，八海山所飼養的牛則是最優質的和牛之一，因為臨近日本海，也有最新鮮的海鮮。日文有所謂的「海の幸、山の幸」，本來指的是從山上、海裡所獲得的豐富物產，但其中也有感謝自然的含意，這一切，我都在這次宴席中品嘗到了。

晚餐之後，正值農曆七月，日本雖然沒有台灣鬼月的傳統，但七月是他們返鄉祭祖的盂蘭盆節，夜晚在溪流會舉辦「灯籠流し」的活動，送走厄運、祈求好運，也有引領水中孤魂的意味。龍言在每一間客房之中放著白色的小燈籠，讓我們把願望寫在其上。此時父親往生已經一個多月，我在燈籠上祝願爸爸前往西方極樂世界，也期望在世的親人一切安好。

把燈籠拿到庭院的池畔後，誦經的師傅在夜晚的星空下念經。平穩的聲音於廣大的庭園傳誦著，燈籠在水上漂流，燭光隨著水波在暗夜中搖曳，一個個燈籠逐漸成為一條線，在暗夜的池中彷彿是指引的燈光。

秋日

店點：伊豆

餐旅：新井旅館．肥美金目鯛

我與老婆在秋日從靜岡的清水港出發，搭上駿河灣遊船，準備造訪位於伊豆中部的修善寺溫泉及新井旅館。由海上遠望，可以觀富士。富士山的美不僅是自然，還帶有一種神聖性，使它很容易與周邊的山區隔出來。聯合國教科文組織將富士山登錄為「信仰的對象」和「藝術的泉源」。

富士山的美造就了大量藝術，江戶時代最有名的作品就是葛飾北齋的〈富嶽三十六景〉。他花了將近十年的時間，畫出富士山三十六種不同角度，最有名的就是〈凱風快晴〉和〈神奈川沖浪裏〉（見228頁與232頁），這兩幅圖的構圖和用色堪稱浮世繪中的最高傑作。

到了伊豆的土肥港，再轉搭公車至修善寺。這裡的溫泉據說與入唐求道的弘法大師空海有關，他在九世紀初期路經此地，有感於當地孝子照顧病母的善心，以枯杖在岩石

葛飾北斎〈凱風快晴〉
江戸東京博物館

上擊出泉眼。溫泉自此湧出，形成了獨鈷湯溫泉。

一九二三年九月一日關東大地震之後，大東京區死亡人數高達九萬，還有一萬多人失蹤。當時一位住在東京本鄉、就讀東京大學英文科的大學生，其租賃的房子雖在地震時嚴重搖晃，所幸沒有倒塌。雖然他很擔心災情，但也擔心洗澡的問題。兩天之後，他和朋友們到了田端找芥川龍之介，芥川的房子沒有遭到太大破壞，那次見面，話題圍繞在溫泉地伊豆、箱根和湯河原等地。

這個年輕人離開了廢墟一般的東京，搭火車前往伊豆，長住於那裡的溫泉鄉，後來寫下《伊豆的舞孃》，他就是日後得到諾貝爾文學獎的文豪川端康成。溫泉與文士，是日本文學當中的重要主題之一，天然的泉水宛若湧動的靈感，身體在暖熱的池水之中，也使腦中的文思泉湧。

入宿的新井旅館，從明治五年開業至今已經有將近一百五十年的歷史，據說川端康成、芥川龍之介也是這裡的座上嘉賓。這裡的建築以木造為主，有些依川而建，有些則圍繞著庭園而建。造景中的大樹年紀超過一千年，已經算是神木級的老樹，樹下布滿了青苔，點綴著紅葉，鯉魚穿梭於庭院的池中，此景有說不盡的風雅。

這裡的懷石料理，重頭戲是伊豆海岸捕撈的金目鯛，雖然稱為鯛魚，但不是黑鯛和真鯛這種淺海的魚類。金目鯛生活在四百公尺和六百公尺深的海裡，盛產的季節是深秋到冬季。這種魚最大的特徵在於魚眼，金色的大眼搭配通紅的身體，十分特別。

金目鯛將近一公斤，主廚將腹部肉質最鮮美的部分切成薄片，客人稍微汆燙後食用，最能感受肉質的甜美。頭部和魚尾的部分則用紅燒，別有一番滋味。金目鯛之外，伊豆當地的野菜、山葵和豆腐也十分美味，非常具有地方特色。

我在這裡體驗到了懷石料理的真諦——自然與人文的風景。看著楓紅，泡溫泉、享用當地食物、閱讀川端康成、芥川龍之介，在他們所留宿的木造建築中體驗從視覺、觸覺、味覺、嗅覺到知識的充實。

葛飾北齋〈神奈川沖浪裏〉
江戶東京博物館

冨嶽三十六景
神奈川沖
浪裏

冬日

地點：小豆島

餐旅：真里．醬油會席

日式旅館最為人稱道的除了木造建築以外，還有服務和飲食上的特色，它們幾乎都使用所謂的「地元」食材（當地食材）。每一個地方的氣候、土壤、水質都不相同，生產的蔬菜、飼養的家畜、繁殖的海鮮當然也不一樣，所以「地元」最具備特色、最值得推薦給外地人享用。

我在探詢小豆島醬油傳統與飲食文化時，入宿有「味之宿」之譽的「真里」。從房間的名字上就可以看到旅館的用心，主建築的五間客室名為で、も、て、な和す，兩間單獨客室為ひし、お，將五間客室連接起來就是「醤（ひしお）でもてなす」，中文譯為「以醬招待你」。而讓真里自豪的「醬」是什麼呢？

這裡使用的醬油是附近醬油工廠的「丸金醬油」，在杉木桶製成的「大樽」裡加入黃豆、小麥和鹽水，以自然發酵的方法製成，一般需要兩年時間。丸金醬油中最具風味的是「諸味たれ」醬油，正是真里餐桌上的調味。調味是今夜的主軸，故今晚的料理稱作「醬油會席」（しょうゆ会席），以懷石料理的形式呈現十道菜餚，以製作方式不同的醬油加以提味。

- 酢：瀬戸內海的章魚配上平菇與白蔥。
- 菜：胡麻豆腐、甘露煮和水煮蝦。
- 島：小豆島當地的素麵（そうめん）相當特別，與烏龍麵的寬度差不多，彈性相當好，具備獨特的風味。
- 鮮：瀬戸內海當季的海鮮生魚片和自家菜園所產的蔬菜，鮮脆可口。
- 煮：白蘿蔔泥所煮的温暖熱湯，為冬日增添一些暖意。
- 燒：瀬戸內海特產的魚げた，搭配蕪菁和味噌，以軟泥包起來後燒烤，將魚的鮮味封鎖於其中。
- 油：炸芋頭丸子搭配菊菜。
- 汁：以太刀魚煮的鮮魚湯。
- 飯：香川當地肥土山所產的飯搭配諸味味噌和醃漬的醬菜。
- 甘：小豆島產的柑橘，打成泥狀後製成的甜點。

上：不同風味的醬油

下：圍爐裏

不同製作階段的醬油擺在我面前，分別是：「諸味たれ」、「二段熟成」、「生あげ」和「淡口生揚」，依熟成時間長短而具有不同的風味，客人可以品嘗到醬油隨著時間所產生的差異。

「諸味たれ」以四國香川特產的砂糖、生薑調和，與醬油的原料小麥和黃豆放進杉木桶內發酵，不攪拌、不過濾，味道最為濃厚。「二段熟成」必須經過兩次釀造的程序，要將近四年時間才能完成，醬油味道醇厚而且綿延不絕。「生あげ」則必須攪拌材料並加以過濾，味道比較甘甜。「淡口生揚」的味道與台灣醬油的作法相同。我較喜歡濃厚的「諸味たれ」，真里也將其製成味噌，可以直接配飯食用，增加食欲。

晚餐用畢，我們在旅館各處參觀，這裡的空間並不算大，但在每一個轉角都有驚喜。「圍爐裏」不滅的炭火上掛著水壺，隨時等著來此圍爐的人，原來這裡是老闆的老家，以往他們就在這用餐，後來民宿不斷擴大，但是房間仍維持舊有的陳設和感覺，使人體會到如母親般的溫暖。「圍爐裏」也提供各式各樣島上水果製成的果實酒，訪客可以在如此雅致的空間聊聊天，喝上一杯。

一早醒來，小豆島農場所生產的牛奶已經放在房間外，客人可以先潤潤胃再享用早餐，真是貼心的服務！

真里的老闆真渡康之出身小豆島，高中畢業後就出外修習廚藝，在四國的香川經過一定的訓練之後，靠著自身天分和熱情，改造家鄉的小民宿，使這裡成為住宿率與知名度都相當高的人氣名宿。他在外闖蕩一番後再回到自己的家鄉，或許更能展現「地元」的特色，在符合時代需求的狀況下，表現出當地的文化。

品味名店

·**虎屋 京都一條店**

地址：京都市上京區烏丸通一條角

電話：975-441-3111

網址：https://www.toraya-group.co.jp/

・菊乃井

地址：京都市東山區下河原町 4-5-9

電話：075-561-0015

網址：http://kikunoi.jp/

休日：不定

・石亭

地址：廣島縣廿日市宮濱溫泉 3-5-27

電話：082-955-0601

網址：http://www.sekitei.to/

・龍言

地址：新潟縣南魚沼市坂戶山際 79

電話：025-772-3470

網址：http://www.ryugon.co.jp/

・**新井**

地址：靜岡縣伊豆市修善寺 970

電話：055-872-2007

網址：http://arairyokan.net/

・**島宿 真里**

地址：香川縣小豆島醬油蔵通り

電話：087-982-0086

網址：http://www.mari.co.jp/

通往小豆島的渡輪

〔結語〕日本料理的真諦

來去日本已經不知道幾回，不管是計畫好的旅行，或只是開會、轉機，我都會騰出時間在日本停留，也許只是想好好地吃一餐。不只可以在裝潢華美的餐廳中享受日本料理，山間、海邊、城市和鄉村亦可。我曾經在新潟望著綠油油的梯田，感嘆自然養育出的一切；也曾經搭船越過瀨戶內海，在小豆島的醬油藏中看著比人還高的杉木桶裝著發酵中醬油，使我不禁感嘆竟須如此費時費工。

更多時候，我進出各地不同的料理亭：到了京都，我在菊乃井、菊水或是下鴨茶寮享用懷石料理；到了東京，我在野田岩鰻魚飯、三河天婦羅等具有江戶前傳統的店家用餐。我也期望反璞歸真，所以到禪寺中享用精進料理，例如京都的妙心寺、靜岡的可睡齋。

每次享用料理，似乎都更加理解日本，漸漸地透過五感體會、長時間閱讀，理出一個頭緒，可以來談談日本料理的真諦。

我們經常使用「食物」來區分人群，或是當作文明與否的標準。兩千年前中國人就用身體與食物的差異說明「異類他者」，《禮記．王制篇》：「東方曰夷批髮紋身，有不火食者矣。南方曰蠻，有不火食者矣。西方曰戎，披髮衣皮，有不粒食者矣。北方曰狄，衣羽毛，穴居，有不粒食者矣。」

中國人稱自己吃的食物是粒食，也就是穀類，而且要熟食，不像蠻夷吃生食。然而，中國人一直以來都只吃熟食嗎？也不盡然，古代也有吃生食的習慣，稱為「膾生」，而且還是貴族才吃得到的珍饈美饌。既然吃生食，卻說吃生食的是「野蠻人」，可見我們對於異類的指涉往往只是一種偏見，像是法國人常說英國的東西很難吃，用意往往只在區分族群。所以，當國家成立之後，以民族或是國家為區分方式的民族料理就產生了。這當然不是說所謂的義大利菜、日本料理、中國菜、泰國菜都是新興的創造物，以前在這些土地上的人民也吃類似的食物，只是不以「國家」之名冠之。

本來懷石料理只是寺院禪僧吃的食物，現在卻成為「日本」高級料理的代表。

上：展現四季特色的懷石料理

下：新鮮美味的油炸料理——天婦羅

上：融合東西飲食方式的鐵板燒
下：只能在日本吃到的洋食——豬排飯

我們所熟悉的握壽司、天婦羅或是壽喜燒都不是日本的傳統料理，壽喜燒在明治時代才出現，直到戰後才較為流行；天婦羅則在江戶時代發端；握壽司的調理方式源於東南亞，在江戶時代後期才出現目前的形式。如果這些都不是日本傳統的食物，那鐵板燒、拉麵，或是豬排飯，更不能算是日式的傳統料理。本來日本人只吃蕎麥麵，所以從中國東傳的拉麵，在二十世紀初期，日本軍國主義高漲的時期，還受到鄙視，直到第二次世界大戰之後，才重新風行。

日本有將近一千年不吃家畜的歷史，蛋白質攝取要從魚類、野生鳥類中獲得，只有賤民階層「穢多」才吃家畜的肉。明治維新時，日本人才開始吃牛、豬這些常見的家畜，天皇頒布〈肉食再升宣言〉才影響日本人對肉食的觀感。但文化改變以漸不以劇，日本人大量食用牛、豬肉也是第二次世界大戰以後的事。現在豬排飯使用的日式黑豚或鐵板燒使用的和牛，都是「傳統」日式飲食中不存在的。

我們經常將「傳統」視為文化中不變且恆定的部分，以為我們可以在中國人、法國人或是英國人中抽絲剝繭，尋找到純粹的中式、法式或是英式文化，但這其實是很困難的。從歷史的角度，以社會變化的方式觀察「傳統」，就會發現沒有什麼是不變的，想瞭解日本料理，應該從食物、社會與外來文化等不同面相進入，這也是本書採用的視角。

日本料理，日文漢字寫成「和食」，這個名詞源自明治時代，對於日本人而言，西洋的飲食習慣進來之前，並沒有「和」、「洋」之分。由於大量的西式飲食習慣和文化傳進日本，為了區別，才產生和食的概念。和食的概念雖然起源甚晚，但是日本人當然有更早的飲食傳統，只是它一直變化。

彌生時代開始，從中國傳來的稻米種作開始影響日本，稻米以及相關的發酵技術，產生了釀酒、醃菜和味噌等飲食文化，形成日本料理的骨幹，日本料理餐具、調味料、食療或是儀式，也深受中國影響。與中國不同之處在於：日本飲食中對於蛋白質的攝取主要從河魚中尋求，直到江戶時代，才轉往對於海魚的獵捕。

源於佛教的「精進料理」和「懷石料理」都由修行人在中國留學後帶回日本。日本人不只單純學習中國式素食，還將其改造成素雅、淡味且具有禪意的料理，有別於較油膩的中式素食。起源於茶道的懷石料理也出自禪院，始自十六世紀的茶道大師千利

上：一切盡在「掌握」中的握壽司
下：料理的原點與壓軸——米飯與味噌

茶道所發展出的飲食方式是當代日本懷石料理的核心

休，因喝茶時怕空腹傷胃，所以搭配小點心或餐點。隨著江戶時代社會的商業化，平民階層也有不少有錢人，當時只要是富有的人就可以享用以往貴族才能吃到的料理，懷石料理的多樣性與特殊性，使它成為目前最為人所熟知的日本高級料理。

雖然日本料理深受中國影響，但因為其島國的地理環境，接受了四面八方來的文化，飲食史家原田信男就指出，不應該對日本料理有封閉且排他的印象，傳統本身就是不斷變化，由風土、歷史和文化交流累積而成，所以應該以動態的方式理解「和食」：

和食這種文化，實在是在很長的歷史過程中，一邊以稻米這條主線為核心，一邊攝取從各國流入的物產以及烹調技術，最後在日本漸漸形成的料理體系，它簡直就是日本歷史的產物，不僅僅是生活文化，更包含了藝術以及宗教思想，是用來說明日本文化自身本質的好例子。

書中提到的日式料理，有些從西方傳來，日本人透過獨特的味覺文化，改造了那些食物，使之成為「和食」的一部分。

如同加拿大的記者馬克．史蓋茲克（Mark Schatzker）所說：「日本人雖然不以發明著稱，但他們擅長將他人的發明砥礪淬鍊至完美的境界，將外來物琢磨到幾乎不可辨識的層次，葡萄牙炸魚經他們雕刻、打磨成了日式天婦羅。」

面對不同的飲食，日本人沒有被「漢化」或「西化」，他們選擇加入新的元素，改造、創新，最後變成自己的獨特文化。

Life 系列 027

和食古早味：你不知道的日本料理故事

作　者—胡川安
主　編—邱憶伶
責任編輯—麥可欣
責任企畫—葉蘭芳
美術設計—劉克韋
插　畫—劉彥岑
內文排版—李宜芝
總 編 輯—李采洪
董 事 長—趙政岷
出 版 者—時報文化出版企業股份有限公司
一〇八〇一九台北市和平西路三段二四〇號三樓
發行專線—（〇二）二三〇六—六八四二
讀者服務專線—〇八〇〇—二三一—七〇五
（〇二）二三〇四—七一〇三
讀者服務傳真—（〇二）二三〇四—六八五八
郵撥—一九三四四七二四時報文化出版公司
信箱—一〇八九九台北華江橋郵局第九十九信箱
時報悅讀網—http://www.readingtimes.com.tw
電子郵件信箱—newstudy@readingtimes.com.tw
時報出版愛讀者粉絲團—http://www.facebook.com/readingtimes.2
法律顧問—理律法律事務所　陳長文律師、李念祖律師
印　刷—華展彩色印刷股份有限公司
初版一刷—二〇一五年十一月六日
初版八刷—二〇二三年十二月二十一日
定　價—新台幣三二〇元

⊙行時報文化出版公司成立於一九七五年，
並於一九九九年股票上櫃公開發行，於二〇〇八年脫離中時集團非屬旺中，
以「尊重智慧與創意的文化事業」為信念。

和食古早味：你不知道的日本料理故事 / 胡川安著 . -- 初版 .
-- 台北市 : 時報文化 , 2015.11　面；　公分 . -- (Life 系列 ; 27)

ISBN 978-957-13-6448-3(平裝)

1. 飲食風俗　2. 文集　3. 日本

538.7831　104021700

ISBN 978-957-13-6448-3
Printed in Taiwan